W0040267

Der Honecker-Prozeß

Uwe Wesel

Der Honecker-Prozeß

Ein Staat vor Gericht

 Eichborn.

Die Deutsche Bibliothek – CIP-Einheitsaufnahme

Wesel, Uwe:
Der Honecker-Prozess : ein Staat vor Gericht / Uwe Wesel. –
Frankfurt am Main : Eichborn, 1994
    ISBN 3-8218-0435-1

© Vito von Eichborn GmbH & Co. Verlag KG, Frankfurt am Main,
März 1994
Umschlaggestaltung: Rüdiger Morgenweck
Foto: dpa
Satz: Fuldaer Verlagsanstalt
Druck und Bindung: Wiener Verlag, Himberg
ISBN 3-8218-0435-1
Verlagsverzeichnis schickt gern:
Eichborn Verlag, Kaiserstraße 66, D-60329 Frankfurt am Main

Inhalt

1. Geschichte

Ein normaler Prozeß war das nicht. Wann hat schon ein Staatsoberhaupt bei uns vor Gericht gestanden? Bis zu Heinrich dem Löwen muß man zurückgehen, Herzog von Sachsen und Bayern. Der ist 1179 vor das Gericht des Reiches geladen worden, aber dreimal nicht gekommen, so daß man ihn in Abwesenheit verurteilt hat wegen Landfriedensbruchs zu Acht und Oberacht und Verlust seiner Länder, ein Jahr später. Aber sonst? Höchstens noch Karl Dönitz 1945 vor dem Internationalen Militärtribunal in Nürnberg wegen Vorbereitung eines Angriffskrieges, Kriegsverbrechen und Verbrechen gegen die Menschlichkeit. Als Staatsoberhaupt aber war er nicht angeklagt. Die eine Woche zählte nicht zwischen Hitlers Tod und der Kapitulation. Also bleibt Heinrich der Löwe und der Vergleich mit Honecker, na ja, der hat schon eine gewisse Komik. Denn der Braunschweiger Fürst war ein imposanter Kerl, der seinen Beinamen verdient, viele Schlachten gewonnen, Lübeck und München gegründet und den Kaiser herausgefordert hat, selbstbewußt und kühn. Trotzdem. Honeckers Prozeß ist der erste, den wir geführt haben gegen ein deutsches Staatsoberhaupt seit über neunhundert Jahren, und auch das Territorium der Deutschen Demokratischen Republik ist ungefähr so groß gewesen wie das, was der andere sich damals zusammengeraubt hat in Nord- und Süddeutschland.

Es hat eben alles seine Geschichte, auch Erich Honecker und die DDR. Heinrich der Löwe überlebte seinen Prozeß um fünfzehn Jahre, ging erst mal ins Exil nach England und kam dann wieder zurück, weil ihm sein Eigenbesitz um Braunschweig und Lüneburg geblieben war. Erich Honecker und seine DDR waren schon am Ende, bevor der Prozeß 1992 begann. Im Sommer 1989 ging es los. Tausende von DDR-Bürgern flüchteten in die Bundesrepublik über Ungarn, Polen und die Tschechoslowakei, nachdem sie dort zunächst die westdeutschen Botschaften mit ihrer Anwesenheit strapaziert hatten. Und kaum war Gorbatschow Anfang Oktober zur Feier des vierzigsten Jahrestages der Staatsgründung in Ostberlin gewesen mit dem berühmten Satz über diejenigen, die das Leben bestraft, wenn sie die Zeichen der Zeit nicht erkennen, da begannen auch schon im Lande selbst die Massendemonstrationen. Sehr viel Zeit blieb dann nicht mehr. Für Honecker noch zwei Wochen und für die DDR noch ein Jahr. Am 18. Oktober 1989 ist er im Zentralkomitee seiner Partei aus allen Ämtern entlassen worden, ein Coup derjenigen, die nun die Perestroika auch auf die Fahnen der Deutschen Demokratischen Republik schreiben wollten. Er wird krank und operiert, landet mit seiner Frau in einem Pfarrhaus nordöstlich von Berlin und schließlich in einem Militärkrankenhaus der Sowjets bei Potsdam. Das war im April 1990.

Dort erlebt er das Ende der DDR und die Wiedervereinigung, als Bürger der Bundesrepublik auf ihrem Territorium, bleibt aber unter dem Schutz der alten Besatzungsmacht, auch als das Amtsgericht Moabit sehr schnell – im November 1990 – einen Haftbefehl gegen ihn erläßt wegen der Toten an Mauer und Stacheldraht und die Bundesregierung energisch darauf drängt, die Sowjets mögen ihn doch bitte so schnell wie möglich freigeben für eine Unterbringung hinter Schloß und Riegel. Dort gehöre er hin nach Meinung der meisten Deutschen in Ost und West.

Endlich läßt Gorbatschow ihn im März 1991 – ohne Wissen der Bundesregierung? – nach Moskau fliegen, aber im August kommt der Putsch, danach ist Boris Jelzin der starke Mann im Kreml und verfügt seine Ausweisung im November, so daß Honecker nun nach dem Vorbild seiner eigenen Bürger in eine Botschaft flieht –nur mit dem umgekehrten Ziel, nämlich nicht in Richtung Bundesrepublik ausreisen zu müssen. Dort, in der chilenischen, bleibt er sieben Monate. Verhandlungen finden statt. Die Bundesregierung drängt, Jelzin schwankt, und die Chilenen leisten Widerstand, bis ihnen die Anklageschrift übergeben wird, 783 Seiten, verfaßt von der Staatsanwaltschaft beim Berliner Kammergericht in großer Eile.

Ende Juli wird er nach Deutschland zurückgebracht und landet in jenem Untersuchungsgefängnis in Moabit, das er schon kennt.

Die deutschen Politiker betonen immer wieder, alles würde streng rechtsstaatlich vor sich gehen. Aber peinlich ist es schon, und er selbst sieht natürlich Parallelen. 1935 war er dreiundzwanzig Jahre alt und blieb dort eineinhalb Jahre, bis er vom Volksgerichtshof wegen Hochverrats verurteilt wurde zu zehn Jahren Zuchthaus, »als überzeugter, unbelehrbarer Kommunist«. Nun ist er fast achtzig und bleibt nicht ganz ein halbes Jahr, bis er wieder freigelassen wird und ins Exil fliegt nach Chile, obwohl er diesmal tatsächlich einiges zu verantworten hat. Ob er den Unterschied noch sehen konnte in der Haltung der Justiz damals und heute? Oder ob es einfach doch nur der Klassenfeind war, hier wie dort? Dasselbe Gefängnisgebäude ist es jedenfalls wirklich gewesen, erbaut 1882 bis 1885 zusammen mit dem palastartigen Kriminalgericht, das im Krieg nur unwesentlich beschädigt wurde. Auch das ist Geschichte.

2. Täter und Opfer

Der Prozeß lief nicht gegen Erich Honecker allein. Er wurde geführt gegen sechs Männer als Mitglieder des Nationalen Verteidigungsrates der Deutschen Demokratischen Republik. Der Verteidigungsrat war eine Unterabteilung des Staatsrates und dieser wiederum – sozusagen – der Präsident der Republik, nur nicht wie in westlichen Staaten eine einzige Person, sondern eine Gruppe. Artikel 66 der Verfassung der DDR: »Der Staatsrat vertritt die Deutsche Demokratische Republik völkerrechtlich.« Artikel 59 des Grundgesetzes: »Der Bundespräsident vertritt den Bund völkerrechtlich.« Soweit stimmt die Parallele. Erich Honecker als Vorsitzender hat den Staatsrat vertreten und damit als Einzelperson dann doch wieder dieselbe Funktion gehabt wie unser Bundespräsident, war Staatsoberhaupt als Person.

Aber der Staatsrat ist mächtiger gewesen als unser Bundespräsident. Nicht ganz so stark wie der Präsident der Vereinigten Staaten, der gleichzeitig Regierungschef ist. In der DDR gab es daneben eine eigenständige Regierung mit verschiedenen Ministern, den Ministerrat. Der Staatsrat war zum Beispiel das wichtigste militärische Organ, hatte den Oberbefehl. Artikel 73: »Er organisiert die Landesverteidigung mit Hilfe des Nationalen Verteidigungsrates.« War also zuständig für die Sicherung der Grenze. Das kann unser Bundespräsident nicht. Er hat im wesentlichen nur repräsentative Aufgaben, und wenn er als Vertreter der Bundesrepublik wichtige Beschlüsse – zum Beispiel Gesetze – verkündet, dann nur, nachdem andere – zum Beispiel der Bundestag – sie schon vorher gefaßt haben. Eigene Kompetenzen hat er kaum, ähnlich wie die englische Königin.

Wenn der Staatsrat der DDR dagegen den militärischen Oberbefehl hatte, war das eine andere Dimension. Also Landesverteidigung und militärischer Schutz der Grenze. Darunter verstand man leider auch ihren Schutz gegen eigene Bürger, die schnell mal nur das Land verlassen wollten. Eine etwas merkwürdige Landesverteidigung, nicht nur nach außen gegen die NATO, auch nach innen gegen Unzufriedene. Und für alles hatte der Staatsrat dieses Unterorgan, den Nationalen Verteidigungsrat, der im Prinzip selbständig war, aber dessen Vorsitzender eben doch der Vorsitzende des Staatsrats war, Erich Honecker. Man darf sich das juristisch nicht so hieb- und stichfest vorstellen wie bei uns, wenn jemand Befugnisse hat, die in der Verfassung geregelt sind. Die Verfassung dort, das war das eine, und wo die eigentlichen Entscheidungen fielen, das war das andere. In der Regel wohl das Politbüro. Der Verteidigungsrat tagte auch nur drei- oder viermal im Jahr, vormittags einige Stunden, im Verteidigungsministerium in Strausberg bei Berlin.

Wie auch immer. Die wesentlichen Entscheidungen sind im Nationalen Verteidigungsrat abgesegnet worden, und insofern waren seine Mitglieder mitverantwortlich für das, was geschehen ist an der Mauer und an der Grenze zur Bundesrepublik. Also zielte die Anklage gegen diese sechs Männer nicht auf die falschen. Vielleicht war es nicht ganz richtig, sich nur an sie zu halten. Denn erstens hatte der Nationale Verteidigungsrat jeweils etwa doppelt so viele Mitglieder, und natürlich waren es noch viel mehr, wenn man die lange Zeit bedenkt seit dem Bau der Mauer. Die Erklärung ist einfach. Man hat sie ausgewählt, weil sie für die Staatsanwaltschaft die wichtigsten waren, die am Ende der DDR noch im Amt gewesen sind. In der Reihenfolge der Anklageschrift: Erich Honecker, Erich Mielke, Willi Stoph, Heinz Keßler, Fritz Streletz, Hans Albrecht.

Erich Honecker, geboren 1912, Sohn eines Bergarbeiters. Zehn Jahre war er alt, da wurde er Mitglied der kommunistischen Kindergruppe im saarländischen Wiebelskirchen, der erste Anfang eines Lebens als Politiker im Dienst von Sozialismus und Kommunismus, in dem es daneben nur noch zwei Jahre einer normalen beruflichen Ausbildung gegeben hat, als Dachdeckerlehrling.

1930 kommt er auf eine Parteischule in Moskau, wird danach Leiter der Jugendarbeit seiner Partei, geht 1933 im Alter von einundzwanzig Jahren in die Illegalität, zunächst in seiner Heimat im Saarland und dann in Berlin, wo er 1935 von der Gestapo verhaftet wird. Zehn Jahre Zuchthaus wegen Hochverrats muß er überstehen, bis er 1945 von den Sowjets in Brandenburg befreit wird und nun mit der »Gruppe Ulbricht« fortsetzen kann, was in Wiebelskirchen begann.

Gründet 1946 mit Heinz Keßler die Freie Deutsche Jugend, wird Mitglied des Parteivorstands der SED, Mitglied des Zentralkomitees, Mitglied der Volkskammer und sogar zuständig in seiner Partei für die alles beherrschenden »Sicherheitsfragen«. Und das hat Folgen. 1961 ist er als Sekretär des Nationalen Verteidigungsrates nämlich derjenige, in dessen Händen die Durchführung eines geschichtlichen Ereignisses liegt, das unter dem Stichwort der Errichtung der Berliner Mauer bekannt wurde.

In den sechziger Jahren gilt er schon als Kronprinz für die Nachfolge Walter Ulbrichts, der 1971 gestürzt wird, ein Ereignis, dessen Durchführung wohl ebenfalls in seinen Händen gelegen hat. Ein gut funktionierender Technokrat, der sich durchgesetzt hat gegen einen alt und unflexibel gewordenen Graubart. Also wird er Parteichef, Vorsitzender des Nationalen Verteidigungsrates, Vorsitzender des Staatsrates und macht natürlich eine etwas modernere Politik als sein Vorgänger, zum Beispiel 1972 jenen Grundlagenvertrag mit Willy Brandt, der das Verhältnis der beiden deutschen Staaten entscheidend verändert hat.

Allmählich wird er dann selber alt und unflexibel, findet nicht mehr den Anschluß an die Perestroika Gorbatschows, wird vom Leben bestraft und im Oktober 1989 ebenso das Opfer eines Putsches im Zentralkomitee wie siebzehn Jahre vorher sein Vorgänger, dem allerdings erspart geblieben ist, was seinem Nachfolger noch alles passierte: Ausschluß aus der seit Wiebelskirchen geliebten Partei, Zusammenbruch des gesamten real existierenden Sozialismus, Flucht nach Moskau, Rückführung in die kapitalistische Bundesrepublik, wieder ein halbes Jahr Haft beim Klassenfeind, zwei Monate Prozeß und schließlich das chilenische Exil.

Erich Mielke, geboren 1907 in Berlin, Sohn eines Stellmachers. Damals baute man ja noch Wagen aus Holz. Wird mit vierzehn Jahren Mitglied des Kommunistischen Jugendverbandes, mit achtzehn Mitglied der Partei, ist kaufmännischer Angestellter und seit 1930 arbeitslos. Im nächsten Jahr kommt die »Bülowplatzaktion«, bei der zwei Polizisten von Kommunisten erschossen werden, und Erich Mielke reist in die Sowjetunion, bleibt dort fünf Jahre, besucht Parteischulen und wird Lehrer für Militärpolitik.

1936 kämpft er in Spanien gegen Franco und bleibt dort drei Jahre, auch noch nach der Niederlage, geht dann nach Belgien, um von dort die illegale Arbeit seiner Partei in Deutschland zu unterstützen, wird 1940 in Frankreich interniert, von den Deutschen verhaftet, aber nicht erkannt, und der Organisation Todt zugeteilt.

Nach der Kapitulation ist er wieder in Berlin und wird Polizeichef von Lichtenberg, um dann allmählich immer höher zu steigen, wie Erich Honecker. Also: Leiter der Abteilung Polizei und Justiz beim Zentralkomitee der Partei, Vizepräsident der Zentralverwaltung des Inneren der DDR, Leiter der Hauptverwaltung zum Schutz der Volkswirtschaft, die war die Vorstufe des Ministeriums für Staatssicherheit, in dem er 1950 Staatssekretär und 1957 Minister geworden ist, als Nachfolger von Erich Wollenweber.

Nun war er der mächtige Geheimdienstchef, der böse Geist der Normannenstraße in Lichtenberg, Kopf der Krake und Herr über Tausende von offiziellen und inoffiziellen Mitarbeitern. Dann kommen noch einige militärische Verzierungen, nämlich 1959 Generaloberst und 1980 Armeegeneral. Mitglied des Nationalen Verteidigungsrates der DDR ist er seit 1960 gewesen, also seit dessen Gründung.

Schließlich der Absturz 1989, gemeinsam mit Honecker. Einen Monat später wird er von der Justiz seines eigenen Landes verhaftet wegen verschiedener Anschuldigungen, ein Zustand, der nach der Wiedervereinigung fortgesetzt worden ist von der Justiz der Bundesrepublik.

Willi Stoph, geboren 1914 in Berlin, Sohn eines Arbeiters, wird Maurer, später Bautechniker. Mit vierzehn Jahren Mitglied des Kommunistischen Jugendverbandes und mit achtzehn Mitglied der Partei wie die anderen, bleibt aber nach 1933 unbehelligt, obwohl er immer betont hat, er habe teilgenommen am illegalen Widerstand. Bis heute aber ist unklar, ob überhaupt und wie.

1935 wird er eingezogen zum Militärdienst bei der Artillerie mit einundzwanzig Jahren, geht nach zwei Jahren zurück in seinen Beruf und 1939 als deutscher Soldat in den Krieg, wird verwundet, arbeitet wieder als Bautechniker in Berlin, wird wieder eingezogen, und dann verliert sich seine Spur, bis er 1945 auftaucht als Mitglied der »Gruppe Ulbricht« in Berlin.

Er ist ja Bautechniker, wird also Leiter der Abteilung Baustoffindustrie und Bauwirtschaft, steigt auf in der Hierarchie der Partei bis ins Zentralkomitee und Politbüro, ist 1952 Innenminister und 1956 Verteidigungsminister, mit militärischen Verzierungen wie Erich Mielke, nämlich 1956 Generaloberst und 1959 Armeegeneral.

Dann gibt es ein kleines Malheur zum Thema illegaler Widerstand. 1960 erfährt man, er habe in jener Zeit einen Artikel geschrieben für die *Arbeitsfront* über eine »unvergeßliche Parade vor dem Führer«. Das kostet ihn sein Amt als Verteidigungsminister.

Aber es geht schon bald wieder weiter. 1964 wird er Vorsitzender des Ministerrates, als Nachfolger von Otto Grotewohl, und ist sogar im Gespräch als Nachfolger Ulbrichts, soll also Parteichef werden. Aber Honecker gewinnt, und Willi Stoph bleibt ihm gegenüber immer loyal. Also: 1973 Vorsitzender des Staatsrats und 1976 wieder Vorsitzender des Ministerrats, bis zum bitteren Ende 1989. Auch er wird aus der Partei ausgeschlossen. Auch er wird verhaftet. Wegen Amtsmißbrauchs und so weiter, noch in der DDR. Dann wieder im Mai 1991 von der Justiz der Bundesrepublik, als Mitglied des Nationalen Verteidigungsrates, kommt aber im August 1992 auf freien Fuß, bleibt haftunfähig wegen eines Herzleidens.

Heinz Keßler, geboren 1920 in Schlesien, Sohn eines Metallarbeiters, aufgewachsen in Chemnitz, wird mit sechs Jahren Mitglied der »Roten Jungpioniere«, so hieß dort die kommunistische Kindergruppe. In die Partei kann er nicht mehr eintreten. 1933 ist er erst dreizehn Jahre alt. Seine Eltern jedoch, die werden verhaftet, denn die sind in der Partei, und seine Mutter bleibt im KZ bis zum Ende des Krieges.

Er arbeitet als Maschinenschlosser bis 1940, kommt dann zur Wehrmacht und an die Ostfront, wo der Infanterist Keßler 1941 überläuft zur Roten Armee und 1943 zu den Gründungsmitgliedern des Nationalkomitees Neues Deutschland gehört.

Im Mai 1945 ist er zurück in der Heimat, jetzt aber in Berlin, Gruppe Ulbricht, und kann auch endlich der KPD beitreten, denn nun ist er schon fünfundzwanzig Jahre alt. Er wird in den Parteivorstand gewählt und in den Zentralrat der Freien Deutschen Jugend, die hat er gegründet mit Erich Honecker, dessen engster Vertrauter er immer gewesen ist.

Es bleibt eine militärische Karriere, obwohl er seit dem Krieg Uniformen eigentlich nicht mehr sehen kann. Sagte das vor der 27. Strafkammer des Landgerichts Berlin, und man konnte ihm glauben. Also: Chefinspekteur der Volkspolizei, Generalmajor, Chef der Luftstreitkräfte, Generalleutnant, Chef des Hauptstabes, Mitglied des Nationalen Verteidigungsrates und 1985 Verteidigungsminister als Nachfolger von Heinz Hoffmann. Die Militärs wollten lieber einen anderen, nämlich Fritz Streletz, einen Freund von Uniformen. Aber Honecker dachte politisch, nicht militärisch, und wollte Keßler.

Der wird dann noch Armeegeneral und Mitglied im Politbüro des Zentralkomitees der SED, dann dauert es noch drei oder vier Jahre, und 1989 tritt er zurück von allen Ämtern, wie die anderen, Parteiausschluß, vorübergehende Verhaftung. Aber die Justiz der DDR sieht dann doch keinen Grund für strafrechtliche Verfolgung, im Gegensatz zu der der Bundesrepublik, die ihn im Mai 1991 wieder verhaften läßt, als Honecker noch in Moskau war.

Fritz Streletz, der jüngste der sechs Angeklagten, stammt wie Keßler aus Schlesien, 1926 geboren in Oppeln an der Oder, und kommt wie die anderen aus einer Arbeiterfamilie, hat aber nicht deren Stallgeruch, keine kommunistische Vergangenheit, sondern nur eine militärische. Schon mit fünfzehn Jahren ging er auf eine Unteroffiziers-Vorschule, 1941, kommt am Ende des Krieges auch noch an die Front, läuft aber natürlich nicht über zur Roten Armee, sondern bleibt in sowjetischer Gefangenschaft bis 1948. Dann geht er als Wachtmeister zur Volkspolizei und wird Mitglied der SED, vielleicht sogar aus Überzeugung.

Was folgt, ist eine ganz normale militärische Karriere, die er überall hätte machen können, denn er ist der Typ des Kommißstiefels, energisch, präzise, intelligent und unsensibel, dem man schon damals angedichtet hat, er würde auch im Bett die Uniform nicht ausziehen. Also: Gruppenführer, Volkspolizeioberrat, Oberstleutnant, Oberst, Generalmajor, Generalleutnant und schließlich Chef des Hauptstabes. Das ist in der älteren militärischen Sprache ein Generalstabschef. Als solcher ist er dann auch noch Generaloberst geworden, was immer das sein mag, und nebenbei seit 1971 Sekretär des Nationalen Verteidigungsrates. War also eigentlich nur ein Militär und mußte deshalb auch nicht zurücktreten wie die anderen im November 1989. Es gab auch keinen Parteiausschluß.

Trotzdem. Am 1. Januar 1990 ging er in den vorzeitigen Ruhestand, 64 Jahre alt, und wurde wie Stoph, Keßler und Albrecht im Mai 1991 verhaftet von der Justiz der Bundesrepublik wegen seiner Tätigkeit im Nationalen Verteidigungsrat der Deutschen Demokratischen Republik.

Hans Albrecht, geboren 1919 in Bochum. Der Vater war Bergmann. Insofern stimmt die Vita, aber auch er ist wie Streletz nicht Kommunist gewesen schon mit der Geburt. War Schlosser und im Krieg Pilot bei der Luftwaffe in Italien, Afrika, Holland, Frankreich. Am Ende des Krieges zwei Wochen in amerikanischer Gefangenschaft und ging dann in die Gegend von Leipzig. Da lebte seine Verlobte. Er hat sie geheiratet, und während des Prozesses in Moabit saß sie im Raum für die Zuschauer jeden Tag, an dem verhandelt wurde, neben der Frau von Heinz Keßler, die beiden einzigen Angehörigen.

Hans Albrecht wurde Heizungsmonteur in Leipzig und Mitglied der Sozialdemokratischen Partei. Daß sie unter Zwang vereinigt wurde mit der KPD, April 46, störte ihn nicht. Im Gegenteil. Was an ihm immer gerühmt wurde, war seine hundertprozentige Linientreue. Sie führte zu einem Berufswechsel. Er wurde Politiker.

1952 ist er erster Sekretär in der Kreisleitung in Frankfurt an der Oder, dann geht es nach Eberswalde und Eisenhüttenstadt, das hieß damals noch Stalinstadt. Er wird Mitglied des Zentralkomitees der Partei, Mitglied der Volkskammer, und seit 1968 – Höhepunkt der Karriere – ist er erster Sekretär der Bezirksleitung seiner Partei in Suhl. Ein Provinzfürst, einundzwanzig Jahre lang, bekannt als mächtiger Mann.

Wie kam er in den Nationalen Verteidigungsrat? Ganz einfach. Weil der Bezirk Suhl im Süden an der Grenze zur Bundesrepublik lag, so wie Magdeburg im Norden. Die Bezirksleiter wurden Mitglieder, weil sie berichten sollten über die Stimmung in der Bevölkerung.

Heute sagt er, an Diskussionen über Schußwaffengebrauch und Selbstschußanlagen könne er sich nicht erinnern. Schon damals sei er schwerhörig gewesen, hätte noch kein Hörgerät gehabt, immer am Ende des Tisches gesessen und nichts verstanden. War nur sieben Monate im Untersuchungsgefängnis, von Mai bis Dezember 1991, haftunfähig wegen Krankheit, aber verhandlungsfähig für den Prozeß. Konnte den Verhandlungen kaum folgen, weil sein Hörgerät entweder nicht funktionierte oder abgeschaltet war.

Soviel zu den Tätern. Nun zu den Opfern. Wie viele es wirklich gewesen sind an Mauer und Stacheldraht, das wird man wohl nie erfahren. Jahrelang wurde von etwa zweihundert gesprochen, getötet in den achtundzwanzig Jahren zwischen dem Bau der Mauer und der Öffnung. Aber es können mehr gewesen sein. Seit einiger Zeit sprechen die Ermittlungsbehörden von mehr als vierhundert Toten. Dazu eine unbekannte Zahl von schweren Verletzungen. Meistens passierte es ja nachts. Also hat man im Westen nicht alles gesehen, und im Osten wurde vertuscht und nicht Buch geführt über das, was geschah. Also wissen wir es nicht genau. Also konnte auch nicht angeklagt werden wegen aller Fälle, und außerdem stand die Staatsanwaltschaft unter zeitlichem Druck. Die Bundesregierung brauchte eine Anklageschrift für die Verhandlungen mit Sowjets und Chilenen über die Auslieferung des Hauptangeklagten. Deshalb waren es nur 68 Fälle aus jener Zeit zwischen 1961 und 1989. Schüsse an der Mauer, Schüsse an der Grenze zur Bundesrepublik und – dritte und größte Gruppe – Tote und Verwundete an dieser Grenze durch Minen und Selbstschußanlagen.

Als die 27. Strafkammer des Landgerichts Berlin im Oktober 1992 zu entscheiden hatte, ob die Anklage zugelassen und das Hauptverfahren eröffnet werden soll, wie man das juristisch so nennt, da wußte man schon, daß Honeckers Leberkrebs eine Belastung sein würde für die Durchführung des Prozesses. Denn jeder einzelne Fall muß genau behandelt, für jeden einzelnen Toten oder Verwundeten Beweise erbracht, Zeugen gehört oder Urkunden eingesehen werden. Eine Verurteilung ist rechtlich nur möglich, wenn die Schuld am Tod bestimmter einzelner Menschen nachgewiesen ist, nicht pauschal für zweihundert oder vierhundert in diesen achtundzwanzig Jahren. Aber 68 Fälle, das würde sehr lange gedauert haben, mit Sicherheit länger als ein Jahr, und die ärztlichen Gutachten ließen erwarten, daß der Hauptangeklagte so lange nicht mehr leben würde. Deshalb hat man die Anklage – mit Zustimmung der Staatsanwaltschaft –reduziert und nur zugelassen in zwölf Fällen, um den Prozeß zu beschleunigen. Vier Todesfälle an der Mauer und acht Tote an der Grenze zur Bundesrepublik.

Im übrigen, wie das so ist bei Tätern und Opfern vor Gericht. Über die Täter wird lange gesprochen. Wie sie vorher gelebt haben und wie es dazu kam. Denn das ist wichtig für die Beurteilung der Schuld und die Höhe der Strafe. Auf die Opfer fällt nicht so oft das helle Licht juristischer Interessen. Ihr Leben bleibt dann eben im Dunkeln. So war es hier. Was sie vorher gemacht haben, die Toten an der Mauer und in den Minenfeldern, und warum sie versuchten zu fliehen, also ihr Leben zu Hause und die Ängste, Zwänge, Hoffnungen oder was sie sonst gedrängt hat in jene Zone des Todes, das erfuhr man kaum. Sie sind getötet worden. Das genügt. Und die sechs tragen Verantwortung. Also zwölf mehr oder weniger unbekannte Männer, meistens sehr jung, und man kennt ihre Namen, mehr nicht. Das sind die Opfer, über die verhandelt wurde, als der Prozeß am 12. November 1992 begann. Nehmen wir für die beiden ersten einfach die Beschreibung im Urteil der 27. Strafkammer des Landgerichts Berlin gegen Keßler, Streletz und Albrecht, vom 16. September 1993.

1. Fall: »Der am 20. Oktober 1964 geborene, aus Schwanebeck im Kreis Bernau stammende Michael-Horst Schmidt versuchte in den frühen Morgenstunden des 1. Dezember 1984, die Grenze zu West-Berlin an der Schulzestraße in unmittelbarer Nähe des S-Bahnhofs Wollankstraße zu überwinden. Gegen 3.15 Uhr überstieg er zunächst mit einer Leiter die Mauer zwischen Hinterland und Schutzstreifen. Dabei wurde er von den Zeugen Walther und Hapke bemerkt, die als Grenzsoldaten Wachdienst auf einem nahegelegenen Beobachtungsturm versahen. Während der Zeuge Walther auf dem Turm blieb, stieg der Zeuge Hapke hinab und verfolgte Schmidt, der inzwischen bereits einen dicht hinter der Hinterlandmauer folgenden Signalzaun überwunden hatte und mit der Leiter in Richtung der vorderen Mauer rannte. Währenddessen gab der Zeuge Walther vom Turm aus kurze Feuerstöße auf Schmidt ab. Als Schmidt bereits die vordere Mauer erreicht hatte, schoß auch der Zeuge Hapke aus einer Entfernung von ungefähr 100 m auf ihn, da er ihn nicht mehr eingeholt hätte. Beide Zeugen schossen so lange, bis Schmidt, der bereits die Leiter an die Mauer gelehnt und begonnen hatte, auf ihr an der Mauer hochzusteigen, reglos mit der Leiter umfiel.

Der Zeuge Hapke gab ungefähr 20 Schüsse ab, der Zeuge Walther ungefähr 28. Beide Zeugen schossen aufgrund des ihnen in Form der Vergatterung erteilten Befehls, Grenzdurchbrüche in jedem Falle – notfalls mit der Schußwaffe – zu verhindern, den sie für bindend hielten. Sie wollten den Flüchtling, durch den sie sich nicht bedroht fühlten, nicht töten, wußten jedoch, daß ihre Schüsse ihn tödlich treffen könnten, und nahmen das billigend in Kauf. Sie sahen die Todesfolge als von der Befehlslage gedeckt an.

Schmidt, den ein Schuß, der im oberen Bereich des Rückens ein- und im unteren Bereich der Brust austrat, sowie ein weiterer am Knie getroffen hatte, wurde durch inzwischen hinzugeeilte Grenzsoldaten eines benachbarten Abschnitts in einen nahegelegenen Beobachtungsturm gebracht und dort auf den Boden gelegt. Trotz seiner flehentlichen Bitten, ihm zu helfen, leistete ihm keiner der ihn bewachenden Grenzsoldaten Erste Hilfe. Aufgrund der bereits beschriebenen Befehlslage zur ärztlichen Versorgung traf erst um ungefähr 4.25 Uhr ein Sanitätsfahrzeug des Grenzregiments 33 ein, mit dem Schmidt dann zum Krankenhaus der Volkspolizei gebracht wurde, in das er gegen 5.15 Uhr eingeliefert und unter der Bezeichnung »XY« in das Operationsbuch eingetragen wurde, obwohl seine Personalien bekannt waren. Zu einer Operation kam es jedoch nicht mehr, da Schmidt inzwischen an der Brustverletzung verblutet war. Der Schuß hatte keine lebenswichtigen Organe getroffen. Bei schnellerer ärztlicher Hilfe hätte Schmidt wahrscheinlich überlebt.

Durch Meldung vom selben Tage teilte der Chef der Grenztruppen dem Minister für Nationale Verteidigung und dem Angeklagten Streletz als Chef des Hauptstabes den Vorfall und den Tod des Opfers mit.

Den Zeugen Walther und Hapke wurde anschließend durch Vorgesetzte anerkennende Worte ausgesprochen;

bemängelt wurde lediglich der hohe Munitionsverbrauch, nicht jedoch der Umstand, daß Dauerfeuer geschossen worden war. Wenige Tage später wurden die Zeugen formell belobigt und erhielten eine Geldprämie von 200 Mark sowie eine Medaille für vorbildlichen Grenzdienst.

Beide Zeugen wurden aufgrund dieses Geschehens durch rechtskräftiges Urteil des Landgerichts Berlin vom 5. Februar 1992 wegen Totschlags verurteilt, der Zeuge Walther zu einer Jugendstrafe von einem Jahr und sechs Monaten, der Zeuge Hapke zu einer Freiheitsstrafe von einem Jahr und neun Monaten. Die Vollstreckung der Strafen wurde zur Bewährung ausgesetzt.«

Rechtskräftiges Urteil. Es ist also das zweite Mauerschützenurteil des Landgerichts Berlin, das vom Bundesgerichtshof gerade noch rechtzeitig zwei Wochen vor Beginn der Hauptverhandlung des Honecker-Prozesses bestätigt worden ist. Sehr viel problematischer, wegen der Höhe der Strafe für den Todesschützen, war das Urteil im ersten Mauerschützenprozeß wegen der Erschießung Chris Gueffroys, des letzten Opfers an der Mauer. Der Bundesgerichtshof hat die Entscheidung über die Revision gegen dieses Urteil des Landgerichts Berlin lange vor sich hergeschoben und erst später, im März 1993, nur teilweise bestätigt. Im Strafmaß wurde es aufgehoben:

2. Fall: »Der am 21. Juni 1968 geborene Chris Gueffroy und der am 17. Oktober 1968 geborene Christian Gaudian, die beide in Ost-Berlin wohnten, versuchten in der Nacht vom 5. zum 6. Februar 1989 die Grenze nach West-Berlin im Bereich der in Treptow am Britzer Zweigkanal gelegenen Straße 16 zu überwinden. Im dortigen Grenzbereich waren zwei Postenpaare eingesetzt. Das eine bestand aus dem Postenführer Schmett und dem Posten Kühnpast, das andere aus dem Postenführer Schmidt und dem Zeugen Heinrich als Posten.

Gueffroy und Gaudian überstiegen gegen 23.40 Uhr die Hinterlandmauer und lösten anschließend optischen Alarm aus, wodurch sie zunächst durch das Postenpaar Schmett/Kühnpast bemerkt wurden. Den Flüchtlingen gelang es, bis zum vordersten Sperrelement, einem Streckmetallzaun, vorzudringen. Dort wurden sie durch das

Postenpaar Schmett/Kühnpast unter Beschuß genommen. Diesen Schüssen versuchten Gueffroy und Gaudian dadurch zu entkommen, daß sie am Zaun entlang von diesem Postenpaar wegliefen, wobei sie mehrfach vergeblich versuchten, durch Bilden einer Räuberleiter die andere Seite des Zauns zu erreichen. Dabei gelangten sie in den vom Postenpaar Schmidt/Heinrich gesicherten Grenzabschnitt. Diese beiden waren ebenfalls auf den Fluchtversuch aufmerksam geworden und hatten ihren Beobachtungsturm verlassen. Der Zeuge Heinrich lief auf dem Kolonnenweg den Flüchtlingen entgegen, der Postenführer Schmidt folgte ihm in einigem Abstand. An einem Lichtkasten angelangt, legte der Zeuge auf die Flüchtlinge, die in ungefähr 40 m Entfernung gerade erneut eine Räuberleiter gebildet hatten, an und gab, nachdem er durch seinen Postenführer zum Schießen aufgefordert worden war, auf sie mehrere Einzelschüsse ab. Einer von diesen durchschlug den Brustkorb von Gueffroy, der außerdem noch am Fuß getroffen wurde. Gueffroy, der auf den Schultern von Gaudian gestanden hatte, fiel herab und blieb reglos liegen. Auch Gaudian hatte eine Fußverletzung erlitten, war aber ansonsten unverletzt. Der Zeuge Heinrich schoß aufgrund des ihm in der Form der Vergatterung erteilten Befehls, jeden Grenzdurchbruch – notfalls mit der Schußwaffe – zu verhindern, und des ausdrücklichen Befehls seines Postenführers. Er wollte Gueffroy, durch den er sich nicht bedroht fühlte, nicht töten, wußte jedoch, daß seine Schüsse ihn tödlich treffen könnten, und nahm diese Folge, die er als von der Befehlslage gedeckt ansah, billigend in Kauf.

Die vier Grenzsoldaten schafften entsprechend den ihnen erteilten Weisungen die beiden Verletzten zunächst an eine Stelle, die vor Blicken aus Westberliner Gebiet geschützt war. Eine alsbald hinzukommende Streife brachte die beiden zu einem Tor an der Hinterlandmauer und legte sie dort ab. Der im medizinischen Dienst des Grenzregiments 33 als Arzt tätige Zeuge Dr. Burkert war inzwischen alarmiert worden und konnte bei seinem Eintreffen bei Gueffroy keine Lebenszeichen mehr feststellen. Seine Wiederbelebungsversuche blieben ohne Erfolg. Auf seine Anordnung hin wurden Gueffroy und Gaudian in das Volkspolizeikrankenhaus in Berlin-Mitte eingeliefert. Dort wurde der Tod des Chris Gueffroy festgestellt. Der Brustschuß hatte zu einer mehrfachen Zerreißung des

Herzens und Verletzungen von Lunge und Leber geführt. Der Tod war innerhalb weniger Minuten nach der Verletzung eingetreten.

Den vier Grenzsoldaten wurde anschließend mehrfach bestätigt, sich völlig korrekt verhalten zu haben. Nach einem kurzen Sonderurlaub wurden sie in andere Einheiten versetzt. Ihnen zu Ehren fand ein Essen statt, bei dem sie förmlich belobigt wurden.

Gaudian wurde am 24. Mai 1989 durch das Stadtbezirksgericht Berlin-Pankow wegen versuchten ungesetzlichen Grenzübertritts im schweren Fall zu einer Freiheitsstrafe von drei Jahren verurteilt. Das Vorliegen eines schweren Falles wurde mit der Verwendung eines Wurfankers und der Begehung der Tat zu zweit begründet. Strafschärfend wurde u.a. gewertet, daß ›derartige Handlungen (...) geeignet (seien), schwerwiegende Vorfälle in diesem Bereich auszulösen‹ und ›gesellschaftsgefährlichen Charakter‹ hätten.

Der Zeuge Heinrich wurde aufgrund dieses Geschehens durch Urteil des Landgerichts Berlin vom 20. Januar 1992 wegen Totschlags zu einer Freiheitsstrafe von drei Jahren und sechs Monaten verurteilt. Auf die Revision des Zeugen wurde der Strafausspruch aufgehoben. Der Schuldspruch ist rechtskräftig.«

3. Fall: René Groß, 24 Jahre alt, und Manfred Mäder, 38 Jahre alt, versuchen am 21. November 1986, mit einem Lastwagen die Sperranlagen der Mauer zwischen dem Ostberliner Bezirk Treptow und dem Westberliner Bezirk Neukölln zu durchbrechen. Sie werden von Grenzsoldaten beschossen und beide sofort getötet.

4. Fall: Michael Bittner, 25 Jahre alt. Hatte schon ohne Erfolg mehrere Ausreiseanträge gestellt. Verabschiedet sich von seinem Bruder, dem er erzählt, der letzte sei genehmigt, sagt seiner Mutter nichts und versucht am 24. November 1986 nachts um eins von Glienicke aus, also im Norden Berlins, über die Mauer zu steigen mit einer Holzleiter, drei Meter lang. So hoch nämlich ist die Mauer, genauer gesagt: sind die beiden Mauern, die dort hintereinander gebaut wurden. Er wird entdeckt, als er sich im Todesstreifen der ersten nähert. Die Grenzsoldaten schießen. Er erreicht die Mauer, legt die Leiter an und ist schon oben, ruft noch »Lassen Sie mich rüber« und wird tödlich getroffen.

5. Fall: Peter Müller, 20 Jahre alt, aus Gernrode im Harz. Er will mit seinem Freund in die Bundesrepublik flüchten. Sie fahren am 13. Juni 1964 mit einem Motorrad bis Wernigerode, haben dort eine Panne, lassen es stehen und fahren mit dem Omnibus nach Königshütte. Von dort sind es bis zur Grenze ungefähr noch zehn Kilometer. Sie gehen zu Fuß und sind abends gegen zehn Uhr an der ersten Stacheldrahtsperre. Dort übernachten sie und versuchen erst am nächsten Abend gegen halb sieben, vorsichtig weiterzukriechen. Zehn Minuten später, kurz vor dem letzten Zaun, kommt Peter Müller mit dem Arm auf eine Mine und wird zerrissen. Sein Freund bleibt unverletzt liegen und wird verhaftet.

6. Fall: Adolf Malear, 23 Jahre alt, aus Gera. Wollte mit seinem Bruder und einem Freund in den Westen fliehen. Am 5. September 1964 fahren sie los, mit einem Trabi bis Schleiz, stellen das Auto kurz vor der Grenze ab, gehen zu Fuß weiter, verstecken sich eine halbe Stunde im Wald, nachmittags gegen fünf, und kommen schließlich an das Minenfeld mit dem Schild »Vorsicht Minen Lebensgefahr«, etwa dreihundert Meter von der Autobahnbrücke Hirschberg entfernt. Die beiden anderen wollen nicht weiter, aber Adolf Malear sagt, die Minen würden weit auseinander liegen, und tastet sich vor mit einem Stock, den er aus dem Wald mitgenommen hat. Es ist ungefähr halb sechs. Er tritt auf eine Mine. Die reißt ihm das linke Bein ab. Grenzsoldaten kommen. Die beiden anderen werden festgenommen. Nach einiger Zeit wird er mit langen Haken aus dem Minenfeld gezogen und stirbt noch dort an der Grenze.

7. Fall: Klaus-Gerhard Schaper, 17 Jahre alt, aus Elbingerode im Harz, Rundfunk- und Fernsehmechanikerlehrling. Er versucht es allein, 11. März 1966, ungefähr dort, wo zwei Jahre vorher Peter Müller von einer Mine zerrissen worden ist, in der Höhe von Braunlage. Um vier Uhr nachmittags sieht ein westdeutscher Zollbeamter, daß auf der anderen Seite nach einer Minenexplosion ein junger Mann liegt, dessen Kleidung »glüht«. Zwei ostdeutsche Grenzsoldaten sind bei ihm. Auch er hatte versucht, durch das Minenfeld zu kriechen. Die Grenzsoldaten können ihn nicht mehr herausholen, weil es inzwischen zu dunkel geworden ist. Erst am nächsten Morgen, bei Tagesanbruch, wird seine Leiche abtransportiert.

8. Fall: Klaus Seifert, 18 Jahre, Maurergeselle aus Bibra bei Meinigen im Bezirk Suhl, Thüringen, fünf Kilometer von der Grenze entfernt. Will mit einem Freund nach drüben. Drüben, das ist Mellrichstadt in der Rhön. Sie besorgen sich einen Wurfanker mit Leine und laufen zur Grenze, abends am 8. April 1971, einem Donnerstag. Verstecken sich dort bis zum nächsten Morgen. Um vier kriechen sie durch den Signalzaun. Der Freund hat Angst und kehrt um. Klaus Seifert bewegt sich langsam weiter, im Liegen, erreicht das Minenfeld, hört einen Pfiff, springt auf und übersteigt den ersten Zaun, rennt zum zweiten und tritt auf eine Mine. Er ist schwer verletzt, der linke Fuß abgerissen, und trotzdem schafft er noch den zweiten Zaun, erreicht die andere Seite, drüben, das ist Unterfranken, Freistaat Bayern, Bundesrepublik. Drei Stunden bleibt er liegen, wird an diesem Morgen kurz nach sieben von einem Jäger gefunden, ins Krankenhaus nach Mellrichstadt gebracht, der Unterschenkel amputiert, und kommt nach Würzburg in eine etwas größere Klinik, weil sein Zustand sich verschlechtert. Er hat eine Gasbrandinfektion. Der Zustand bessert sich, verschlechtert sich wieder, der Oberschenkel wird amputiert, und am 4. Mai 1971 ist er dort gestorben, nicht ganz vier Wochen nach seiner Flucht.

9. Fall: Hans-Friedrich Franck, 26 Jahre alt, aus Meißen. Fährt von dort weit nach Norden in den Bezirk Magdeburg, kommt bei Blütlingen im Landkreis Lüchow-Dannenberg am 16. Januar 1973 bis an den letzten Grenzzaun, abends kurz nach elf, klettert hinüber, löst aber dabei eine Selbstschußanlage aus und wird schwer verletzt. Eine »SM-70«. Das ist die Abkürzung für fürchterliche Splitterminen, die es seit 1970 gibt. Ein Trichter mit Dumdumgeschossen in halber Höhe am Zaun wird ausgelöst durch Drähte in verschiedener Höhe unmittelbar davor. Hans Franck schleppt sich noch auf westdeutsches Gebiet, wird bald gefunden, weil jemand die Explosion gehört hat, ins Krankenhaus nach Dannenberg gebracht, operiert und stirbt am nächsten Morgen, acht Stunden nach seiner Flucht.

10. Fall: Wolfgang Vogler, 25 Jahre alt, aus Parchim in Mecklenburg. Fährt in den Harz und will am 14. Juli 1979 abends um halb sieben bei Hohegeiß über den Grenzzaun klettern, löst dabei drei »SM-70« aus, wird von ihnen zerfetzt, bleibt schwer verwundet vor dem Zaun liegen, wird von Grenzsoldaten zurückgezogen, auf einen Lastwagen gelegt und zwanzig Minuten später ins Krankenhaus nach Wernigerode gebracht, von dort in eine Klinik in Magdeburg, wo er am nächsten Morgen gestorben ist.

11. Fall: Wolfgang Bothe, 28 Jahre alt, aus Badersleben, nördlich des Harz. Von dort bis zur Grenze sind es keine zehn Kilometer. Drüben ist Niedersachsen, Braunschweig. Auch er will über den Zaun klettern, am 7. April 1980, abends kurz nach acht. Auch er wird von einer SM 70 getroffen, bleibt vor dem Zaun liegen, wird abtransportiert, ist um halb zehn im Krankenhaus Halberstadt, bewußtlos, wird operiert, liegt über vier Wochen im Koma, mit Haftbefehl wegen versuchten ungesetzlichen Grenzübertritts in einem besonders schweren Fall, wird noch einmal operiert, immer noch bewußtlos, und stirbt am 11. Mai, fünf Wochen nach seiner Flucht.

12. Fall: Frank Mater, 20 Jahre alt, aus Mihla an der Werra, bei Mühlhausen in Thüringen, fünf bis zehn Kilometer von der Grenze entfernt. Auf der anderen Seite liegt Hessen: Bebra, Eschwege. Er versucht es am 22. März 1984, einem Donnerstag, mittags um halb zwei. Wieder eine »SM-70«, bleibt vor dem Zaun liegen und ist schon tot, als er von Grenzsoldaten herausgeholt und auf einen Lastwagen gelegt wird.

3. Die Anklage

ist erhoben worden am 12. Mai 1992 von der Staatsanwaltschaft beim Kammergericht Berlin, Abteilung Regierungskri
minalität. Eine Anklageschrift, fast achthundert Seiten, zum
Landgericht Berlin. Eine beachtliche Leistung für die kurze
Zeit, die zur Verfügung stand. Die Angeklagten werden
genannt, oder genauer, solange die Anklage vom Gericht noch
nicht zugelassen und damit das Hauptverfahren noch nicht
eröffnet ist: die Angeschuldigten. Danach sind die ihnen vor-
geworfenen Todesfälle für jeden einzelnen aufgeschlüsselt, weil
sie zu verschiedenen Zeiten im Nationalen Verteidigungsrat
verantwortlich waren, und nun kommt der Anfang auf Seite 8:

»Den Angeschuldigten wird folgendes zur Last gelegt:
In Ausübung ihrer vorgenannten politischen Ämter, insbesondere als Mitglieder des in Strausberg bei Berlin tagen-
den Nationalen Verteidigungsrates (NVR), eines selbstän-
digen, in der Verfassung der DDR verankerten obersten
kollektiven Führungsorgans der Landesverteidigung, das
militärische Kommandogewalt über alle bewaffneten
Kräfte der DDR ausübte, waren die Angeschuldigten maß-
geblich an der Errichtung bzw. dem nachfolgenden Aus-
bau der Grenzsperranlagen zur Bundesrepublik Deutschland in ihren damaligen Grenzen und dem Westteil Berlins
am bzw. nach dem 12. August 1961 beteiligt.
Am 12. August 1961 ordnete der Angeschuldigte Honecker als Sekretär des NVR und Sekretär für Sicherheitsfragen beim Zentralkomitee der SED an, die Grenzanlagen
um Berlin (West) und die Sperranlagen zur Bundesrepublik Deutschland auszubauen, um ein Passieren unmöglich zu machen. Diese Entscheidung trugen die Angeschuldigten Mielke und Stoph als Mitglieder des NVR

mit. Der Angeschuldigte Stoph nahm am Abend des 12. August 1961 die erforderlichen Einweisungen in die bevorstehenden Maßnahmen vor. Dementsprechend wurden in den frühen Morgenstunden des 13. August 1961 die Sperranlagen errichtet, wobei die Grenzposten in der Folgezeit verpflichtet waren, auf Flüchtlinge auch mit tödlicher Wirkung zu schießen.

In der Folgezeit liefen bei dem Angeschuldigten Honecker Informationen über erfolgreiche sogenannte Grenzdurchbrüche von Ost nach West ein.

Darauf ordnete der Angeschuldigte Honecker am 20. September 1961 im Beisein des Angeschuldigten Mielke an, gegen »Verräter und Grenzverletzer« die Schußwaffe anzuwenden und ein »Beobachtungs- und Schußfeld in der Sperrzone zu schaffen«.

Das ist nicht ohne eine gewisse Komik, diese juristische Abstraktion. Erich Honecker hat am 12. August 1961 den Bau der Mauer angeordnet. Das ist alles. Auch auf den folgenden 775 Seiten nichts über Gründe und Hintergründe oder darüber, daß auch der Westen dabei nicht ganz so unschuldig gewesen ist. Anders die 27. Strafkammer. In ihrem Urteil gegen Keßler, Streletz und Albrecht hat sie einiges dazu gesagt und es bei der Strafzumessung auch fair und angemessen berücksichtigt.

Was in der Anklageschrift folgt, ist die genaue Beschreibung der 68 Fälle mit Zeugen, Sachverständigen und Urkunden, eine ausführliche Darstellung der Entstehung, Organisation und Arbeit des Nationalen Verteidigungsrates und seiner Beschlüsse seit 1961, aus denen sich die Verantwortlichkeit ergibt für Schüsse, Minen und Selbstschußanlagen, auch wenn »der Schießbefehl«, so wie man ihn sich normalerweise immer vorgestellt hat, in dieser Form nicht vorgelegt werden konnte. Zweihundert Seiten über die Praxis des Schießens an der Grenze, über Minen und Selbstschußanlagen, die verschiedenen Fabrikate, ihr Einbau und Abbau. Und schließlich die rechtliche Würdigung auf zwanzig Seiten, mit einigen Problemen. Im wesentlichen sind es drei: die Immunität eines ehemaligen Staatsoberhaupts, die Radbruchsche Formel und die Frage von Täterschaft und Teilnahme.

Die Frage der Immunität betrifft den Hauptangeklagten.

Erich Honecker war Staatsoberhaupt der DDR, eines anderen Staates, und solche Personen können normalerweise von den Gerichten der Bundesrepublik nicht verurteilt werden. Sie genießen Immunität. So steht es in unserem Gerichtsverfassungsgesetz, in § 20. Aber erstens war das für Honecker schon früher umstritten, wegen der schwierigen völkerrechtlichen Probleme im Verhältnis der beiden deutschen Staaten zueinander. Deshalb hat man 1984, als er eingeladen wurde zum Staatsbesuch in die Bundesrepublik, die Vorschrift seinetwegen ausdrücklich geändert und ergänzt, aber in einer Weise, die ihm nach seiner Absetzung nicht mehr half. Also blieben die »allgemeinen Regeln des Völkerrechts«, die § 20 des Gerichtsverfassungsgesetzes ebenfalls nennt. Danach bleibt die Immunität fremder Staatsoberhäupter selbst dann erhalten, wenn sie nicht mehr im Amt sind. Aber das setzt – zweitens – eigentlich voraus, daß es auch den Staat noch gibt, in dem sie einmal Oberhaupt gewesen sind. Und wie man nun die Frage zu beantworten hat, wenn das nicht mehr der Fall ist, das hängt ab vom guten oder bösen Willen derjenigen Juristen, die darüber zu befinden haben. Man kann juristisch sowohl die eine wie die andere Meinung vertreten. Beides ist möglich. Denn so einen Fall hatte es bisher noch nicht gegeben. Wie die westdeutsche Justiz entscheiden würde, konnte man sich denken. Die Staatsanwaltschaft beruft sich in ihrer Anklageschrift dazu auch nur mit einem einzigen Satz auf Beschlüsse des Kammergerichts vom Jahre 1991 zu Beschwerden gegen den Haftbefehl. In ihnen war gesagt worden, Honecker habe diese Immunität nicht mehr.

Die Radbruchsche Formel, das nächste Problem, hat damit zu tun, daß die Angeklagten auch in diesem Prozeß nur nach dem Recht der DDR verurteilt werden durften. So steht es im Einigungsvertrag von 1990, und außerdem ist es selbstverständlich. Denn seit dem Grundlagenvertrag 1972 war von Gerichten und Juristen der Bundesrepublik allgemein anerkannt, daß die Deutsche Demokratische Republik für uns strafrechtlich gesehen Ausland gewesen ist. Das Strafrecht der

Bundesrepublik galt dort nicht. Das ist das eine. Das andere ist die Regel, daß eine Tat nur bestraft werden darf, wenn sie zu der Zeit, als sie begangen wurde, mit Strafe bedroht war. Artikel 103 Absatz 2 des Grundgesetzes. *Nulla poena sine lege*: keine Strafe ohne Gesetz. Schon deshalb mußte das Landgericht Berlin das Strafrecht der DDR anwenden, auch wenn es im Einigungsvertrag nicht vorgesehen gewesen wäre.

Für Schüsse an der Grenze gab es nun in der DDR seit 1982 ein Gesetz der Volkskammer, das allgemein – zwar nicht ganz ausdrücklich, aber jedenfalls nach der juristischen Praxis der DDR – auch Tötungen von Flüchtlingen als straffrei erklärte. Nach dem Recht der DDR konnte man also damals deshalb nicht verurteilt werden, und das heißt weder Mauerschützen noch solche, die das an höherer Stelle veranlaßt haben.

Hier setzte nun – in den Prozessen gegen die Mauerschützen – die Justiz der Bundesrepublik ein, um dieses Recht der DDR auszuhebeln. Ein sehr problematisches und wohl verfassungswidriges Vorgehen. Es soll im nächsten Kapitel beschrieben werden, das die Mauerschützenprozesse behandelt. Aber, dies muß hier auch gleich gesagt sein, das war nur ein Problem für die Fälle des Schußwaffengebrauchs. Die Tötung von Bürgern der DDR durch Minen und Selbstschußanlagen ist durch das Grenzgesetz von 1982 keinesfalls gerechtfertigt gewesen. Insofern gab es hier für die Anklage keine Probleme. Und, das muß man auch noch ergänzen, dies war die größere Zahl der Opfer in jenen 68 Fällen, für die man die Mitglieder des Nationalen Verteidigungsrates verantwortlich machte.

Unter dem Stichwort »Täterschaft und Teilnahme« – das dritte Problem – wird von Juristen die Frage diskutiert, unter welchen Umständen anzunehmen ist, daß jemand als Haupt- oder Mittäter selbst die eigentliche Straftat begangen hat, und wie weit entfernt er vom Geschehen gewesen sein muß, damit man ihn etwas milder bestrafen kann als Gehilfen oder Anstifter. Gehilfen und Anstifter sind Teilnehmer. Wer die eigentliche Straftat selbst begeht, ist Täter oder Mittäter. Das ist der Unterschied zwischen Täterschaft und Teilnahme.

Das westdeutsche Strafrecht ist bei der Annahme von Täterschaft sehr viel großzügiger als das der DDR. Bei uns gibt es da zum Teil regelrecht abenteuerliche Konstruktionen. Kein Wunder, daß unter westlichen Juristen in diesem Prozeß gegen den Nationalen Verteidigungsrat von Anfang an unsicher und umstritten war, wie man die Handlungen seiner Mitglieder beurteilen soll, wenn sie sich denn überhaupt strafbar gemacht haben. Sind sie Mittäter der Mauerschützen oder Minenleger gewesen oder nur deren Anstifter oder Gehilfen?

Die verschiedenen Gerichte, die Haftbefehle erlassen oder über die dagegen eingereichten Beschwerden entschieden hatten, waren sehr verschiedener Meinung. Es scheint, als ob das eine oder andere im Eifer des Gefechts einfach vergessen hatte, daß es nicht nach dem Recht der Bundesrepublik urteilen durfte. Eine Anstiftung, die nach dem Recht der DDR am ehesten in Frage kam, hätte allerdings auch vorausgesetzt, daß die Personen vorher individuell bestimmt gewesen sein mußten, auf die geschossen oder mit Minenexplosion gezielt worden ist. Man wußte aber gar nicht, wer da irgendwann im Todesstreifen auftauchen würde. Schon das also war schwer zu begründen, noch viel schwerer jedoch die Täterschaft. Für sie war die Schwelle im Strafrecht der DDR noch viel höher. Wenn man dort jemand als Mittäter bestrafen wollte, mußte er sozusagen selbst mit Hand angelegt haben, was diese sechs Angeklagten natürlich nicht getan hatten. Mit anderen Worten, das Strafrecht der DDR war sehr viel konkreter, anschaulicher, nicht so abstrakt wie das der Bundesrepublik.

Die Staatsanwaltschaft behandelt das Problem in der Anklageschrift auf vielen Seiten und kommt zu dem verblüffenden Ergebnis, die Mitglieder des Nationalen Verteidigungsrates seien als Täter zu bestrafen, nicht als Teilnehmer. Das westdeutsche Strafrechtsdenken hatte die Oberhand behalten gegen die Verpflichtung, nach dem Recht der DDR zu urteilen. Also, Honecker und die fünf anderen sind angeklagt worden wegen Totschlags und – wegen der verletzten Opfer – versuchten Totschlags in 68 Fällen, als Mittäter der betreffenden Grenzsoldaten, nicht als Anstifter oder Gehilfen.

Im übrigen ist diese Anklage ständig reduziert worden, wegen Honeckers Krankheit und wegen des Gesundheitszustandes zweier anderer. Man wollte Zeit gewinnen, für die Verhandlung gegen Honecker, oder konnte überhaupt nicht mehr verhandeln, bei Stoph und Mielke, schließlich auch bei Honecker. Der große Prozeß der zweiten Hälfte dieses Jahrhunderts, er wurde immer kleiner, schrumpfte immer weiter. Bei Anklageerhebung im Mai 1992: sechs Angeklagte und 68 Fälle. Bei Eröffnung des Hauptverfahrens im Oktober: Reduzierung auf zwölf Fälle. Am Anfang der Hauptverhandlung im November wurden die Verfahren gegen Stoph und Mielke abgetrennt und vorläufig eingestellt. Gegen Stoph, weil er kurz vorher einen Herzanfall hatte und verhandlungsunfähig geworden war, gegen Mielke, weil gegen ihn schon der andere Prozeß wegen des Polizistenmordes im Jahre 1931 lief und man ihm zwei Verfahren zur gleichen Zeit nicht zumuten konnte. Dann verließ auch noch der Hauptangeklagte im Januar den Gerichtssaal, und es waren nur noch drei Angeklagte. Keßler, Streletz und Albrecht. Und schließlich hat man die zwölf Fälle im Juni 1993 auf zehn reduziert. Von sechs Angeklagten und 68 Fällen waren drei Angeklagte übriggeblieben, denen man nur noch Totschlag in zehn Fällen vorgeworfen hat.

Literatur

Zur Frage der Immunität Honeckers: Klaus Lüderssen, *Der Staat geht unter – das Unrecht bleibt?* 1992, S. 107-112.
Zu Täterschaft und Teilnahme im Recht der Bundesrepublik: Erich Samson, *Strafrecht I*, 7. Auflage 1988, 7. Kapitel und Johannes Wessels, *Strafrecht Allgemeiner Teil*, 22. Auflage 1992, § 13; im Recht der DDR: *Strafrecht Allgemeiner Teil*, Lehrbuch (Autorenkollektiv), 1976, S.379 (Anstiftung), S.382 (Mittäterschaft).

4. Die Mauerschützenprozesse

Sie waren der Auftakt. In den ersten Mauerschützenprozessen ist nicht nur Unrecht verfolgt worden, das einzelnen Grenzsoldaten vorgeworfen wurde. Auch hier stand schon der Staat vor Gericht. Sie waren Vorbereitung für das Verfahren gegen die Mitglieder des Nationalen Verteidigungsrates. Die Toten an der Berliner Mauer als Menetekel der DDR. Damals, als die Schüsse fielen, sah die Welt immer mehr auf sie als auf die Toten in den Minenfeldern. In der Anklageschrift vom Mai 1992 spielten sie mit 36 Fällen eine größere Rolle als die Opfer an der Grenze zur Bundesrepublik, 32 Fälle. Außerdem entsprach es der juristischen Logik. Erst die Mauerschützen, dann der Nationale Verteidigungsrat. Erst der Täter, dann der Hintermann. Stiftet zum Beispiel jemand einen anderen an, dann muß man erst untersuchen, ob derjenige zu bestrafen ist, der getötet hat. Dann erst kann man die Tat des Hintermannes beurteilen, des sogenannten Teilnehmers.

Die beiden ersten Mauerschützenprozesse vor dem Landgericht Berlin waren schon beendet, als die Anklage gegen den Nationalen Verteidigungsrat kam. Urteil im ersten Mauerschützenprozeß: 20. Januar 1992. Im zweiten: 6. Februar 1992. Anklage gegen Honecker und die anderen: 14. Mai 1992.

Sieht man etwas genauer hin, stimmt es nicht ganz. Der Haftbefehl gegen Erich Honecker wegen dieses Verfahrens hat das Datum vom 30. November 1990, Amtsgericht Moabit, kurz nach der Wiedervereinigung. Da war er im sowjetischen Militärkrankenhaus Beelitz und flog dann später nach Moskau. Und die anderen Angeklagten waren sogar schon verhaftet, bevor der erste Mauerschützenprozeß begonnen hatte.

Stoph, Keßler, Streletz und Albrecht im Mai 1991, Mielke im August. Der erste Mauerschützenprozeß begann im September. Ein Haftbefehl ergeht, wenn »dringender Tatverdacht« besteht. Den konnte man auch schon annehmen, bevor die Mauerschützenprozesse beendet waren.

Die erste endgültige Entscheidung, ein Revisionsurteil des Bundesgerichtshofes zu Mauerschützen, kam kurz vor dem Beginn der Hauptverhandlung gegen den Nationalen Verteidigungsrat. Kein Zufall. Der Bundesgerichtshof bestätigte die Verurteilung zweier Grenzsoldaten wegen Totschlags. Das war am 3. November 1992. Am 12. November begann die Hauptverhandlung im Honecker-Prozeß. Der Bundesgerichtshof bestätigte das zweite Mauerschützenurteil. In dem ging es um die Erschießung eines Flüchtlings an der Mauer in Pankow 1984. In der ursprünglichen Anklage gegen Honecker und die anderen war es der Fall 33, in der später reduzierten Anklage der Fall Nr. 1. Damit war zu Beginn dieses Prozesses der Anklage von höchster Stelle bescheinigt, schon der erste Fall war ein strafbarer Totschlag. Nun mußte nur noch geklärt werden, ob die Angeklagten dafür verantwortlich waren als Täter, Mittäter, Anstifter oder Gehilfen.

Warum die Entscheidung des Bundesgerichtshofes zum zweiten Mauerschützenprozeß zuerst? Und nicht zum ersten? Auch kein Zufall. Im ersten ist der Todesschütze zu dreieinhalb Jahren ohne Bewährung verurteilt worden. Zu hoch. Im zweiten sind es Bewährungsstrafen gewesen, ein Jahr sechs Monate für den einen Angeklagten, ein Jahr und neun Monate für den anderen. Die waren angemessen, konnten bestätigt werden. Mit dem ersten wartete der Bundesgerichtshof noch ein bißchen und hob dann das Urteil auf, im März 1993. Wegen der Höhe der Strafe. Das wäre kein guter Auftakt gewesen für den Honecker-Prozeß. Manipulation? Nein. Einfach ein günstiges Timing, wie man das heute nennt. So etwas wird auch nicht abgesprochen. Das funktioniert von selbst, im Rechtsstaat. Augenmaß und Verantwortungsbewußtsein bei den einzelnen Gerichten.

Im übrigen liefen die Prozesse gegen die Grenzsoldaten weiter. Bis zum Urteil gegen Keßler, Streletz und Albrecht im September 1993 waren es insgesamt zehn, die meisten vor dem Landgericht Berlin, zwei in Potsdam. Die Urteile waren milde. Wenn nicht freigesprochen wurde, gab es Bewährungsstrafen bis zu zwei Jahren. Nur in Potsdam ist einer zu sechs Jahren ohne Bewährung verurteilt worden. Aber das war ein Sonderfall. Er hatte einen Flüchtling erschossen, der schon festgenommen war und hilflos vor ihm lag. Dieselbe Strafe erhielt ein Postenführer vom Landgericht Berlin, der 1965 ohne jeden Grund einen Westberliner Motorbootführer erschossen hat, nur weil er etwas zu weit auf Ostberliner Wassergebiet gekommen war. Der Bundesgerichtshof hat die Strafe des Potsdamer Urteils später sogar noch auf zehn Jahre erhöht.

Zwei juristische Probleme mußten geklärt werden: § 27 des Grenzgesetzes und die Frage des Handelns auf Befehl. Beide sind sogenannte Rechtfertigungsgründe, die nach dem Recht der DDR Schüsse von Grenzsoldaten erlaubten. Meinte die Verteidigung. Also könnten sie nicht bestraft werden.

Schwierigstes Problem – bis heute – ist § 27 des Grenzgesetzes. Spätestens seit 1982 waren nämlich Schüsse an der Grenze der DDR ganz offiziell nicht mehr strafbar. Nicht nur die ersten Mauerschützenprozesse, auch die reduzierte Anklage im Honecker-Prozeß zielten auf Fälle nach dem Erlaß dieses Gesetzes, Erschießungen in den Jahren von 1984 bis 1989. Dieses Gesetz war für diese Verfahren sehr wichtig, denn es mußte ja nach DDR-Recht entschieden werden. So war es im Einigungsvertrag vorgesehen, und es ergab sich auch aus den allgemeinen Regeln des Strafrechts.

Die DDR hat das Grenzgesetz 1982 erlassen. Viele meinen, um den Schein von Rechtsstaatlichkeit zu wahren, nachdem Proteste aus dem Westen immer peinlicher geworden waren. § 27 hat folgenden Wortlaut:

Absatz 1: Die Anwendung der Schußwaffe ist die äußerste Maßnahme der Gewaltanwendung gegenüber Personen. Die Schußwaffe darf nur in solchen Fällen angewendet werden, wenn die körperliche Einwirkung ohne oder mit Hilfsmitteln erfolglos blieb oder offensichtlich keinen

Erfolg verspricht. Die Anwendung von Schußwaffen gegen Personen ist erst dann zulässig, wenn durch Waffenwirkung gegen Sachen oder Tiere der Zweck nicht erreicht wird.

Absatz 2 (der wichtigste): Die Anwendung der Schußwaffe ist gerechtfertigt, um die unmittelbar bevorstehende Ausführung oder die Fortsetzung einer Straftat zu verhindern, die sich den Umständen nach als ein Verbrechen darstellt. Sie ist auch gerechtfertigt zur Ergreifung von Personen, die eines Verbrechens dringend verdächtig sind.

Absatz 5: Bei der Anwendung der Schußwaffe ist das Leben von Personen nach Möglichkeit zu schonen. Verletzten ist unter Beachtung der notwendigen Sicherheitsmaßnahmen Erste Hilfe zu erweisen.

Also, bei Verbrechen durfte geschossen werden. Was ist ein Verbrechen? Im Strafgesetzbuch der DDR wird wie bei uns unterschieden zwischen leichten Straftaten, Vergehen, und schweren Straftaten, Verbrechen. Vergehen: in der DDR Freiheitsstrafe bis zu zwei Jahren. Was darüber ging, war ein Verbrechen.

Und welches Verbrechen begeht, wer über die Mauer flüchten will? Er begeht einen »ungesetzlichen Grenzübertritt«, § 213 des Strafgesetzbuches der DDR:

Wer widerrechtlich die Staatsgrenze der Deutschen Demokratischen Republik passiert oder Bestimmungen des zeitweiligen Aufenthalts in der Deutschen Demokratischen Republik sowie des Transits durch die Deutsche Demokratische Republik verletzt, wird mit Freiheitsstrafe bis zu zwei Jahren oder mit Verurteilung auf Bewährung, Haftstrafe oder mit Geldstrafe bestraft.

Wer ihn aufmerksam liest, sieht eine Freiheitsstrafe bis zu zwei Jahren. Also nur ein Vergehen, kein Verbrechen. Richtig. Aber es gibt noch einen Absatz 3, »schwere Fälle«, und für die wird angedroht eine Freiheitsstrafe bis zu acht Jahren. Sie sind also Verbrechen. Solch ein schwerer Fall war zum Beispiel gegeben, wenn »die Tat mit besonderer Intensität« oder »zusammen mit anderen begangen wird«. Im Klartext: Wenn man zu zweit oder etwa mit einem Wurfanker über die Mauer fliehen will. Der Wurfanker war schon »besondere Intensität«. Also, die meisten Fluchtversuche waren schwere Fälle, und es durfte geschossen werden.

Aber auch erschossen? Ja, Absatz 5. Wenn es keine andere Möglichkeit gab, diese Flucht zu verhindern, die nach dem Recht der DDR ein Verbrechen gewesen ist, wenn »nach Möglichkeit« nicht mehr möglich war, dann durfte auch erschossen werden. Trotzdem werden die Mauerschützen verurteilt. Warum?

Nehmen wir das erste Mauerschützenurteil. In der Nacht zum 6. Februar 1989 starb das letzte Opfer an der Grenze, Chris Gueffroy, zwanzig Jahre alt, an der Mauer in Treptow, die er mit seinem Freund schon überwunden hatte, im Todesstreifen am letzten Grenzzaun. Die Schüsse kamen von rechts und links, von jeweils zwei Grenzsoldaten, und einer traf ihn tödlich, Ingo Heinrich, damals 24 Jahre alt. Er ist deswegen von der 23. Strafkammer des Landgerichts Berlin verurteilt worden zu dreieinhalb Jahren Freiheitsstrafe ohne Bewährung.

Nach dem Recht der DDR war dieser Schuß nicht strafbar, § 27 des Grenzgesetzes. Denn jene Flucht war ein Verbrechen. Sie waren zu zweit, also »mit anderen zusammen«, und sie hatten einen Wurfanker dabei, als »besondere Intensität«. Das sah auch die 23. Strafkammer und sie wußte, daß sie zu urteilen hatte nach dem damals geltenden Recht der Deutschen Demokratischen Republik. Aber wir wenden § 27 trotzdem nicht an, sagten die Richter, und zwar nach der Radbruchschen Formel.

Gustav Radbruch, Professor für Strafrecht und Rechtsphilosophie, erster deutscher Professor, der schon 1919 Mitglied war in der sozialdemokratischen Partei, Mitglied des Reichstags, Justizminister der Weimarer Republik, 1933 von den Nazis entlassen, nach dem Krieg wieder Professor in Heidelberg und die moralische Instanz der deutschen Rechtswissenschaft jener Jahre. Unter dem Eindruck der Rechtsverwüstungen des Dritten Reichs hat er 1946 einen berühmten Aufsatz geschrieben, »Gesetzliches Unrecht und übergesetzliches

Recht« (*Süddeutsche Juristenzeitung* 1946, S.105-108). Mit dieser Formel: Es gibt gesetzliches Unrecht, hat er gesagt. Es gibt Gesetze, die sind so ungerecht, daß sie ungültig sind. Normalerweise muß man natürlich die Gesetze eines Staates als gültig anerkennen, auch wenn sie ungerecht sind. Das fordert das Prinzip der Rechtssicherheit. Der Bürger muß sich darauf verlassen können, daß die Gesetze wirksam sind, wenn er sich nach ihnen richtet. Aber es gibt Ausnahmefälle. Zum Beispiel die Judengesetze der Nazis. Sie verstoßen in so ungeheuerlichem Maße gegen alle Gebote der Gerechtigkeit, daß man sie nicht als wirksam ansehen kann. Wörtlich (Gustav Radbruch, *Rechtsphilosophie*, 8. Auflage 1973, S.345):

> »Der Konflikt zwischen der Gerechtigkeit und der Rechtssicherheit dürfte dahin zu lösen sein, daß das positive, durch Satzung und Macht gesicherte Recht auch dann den Vorrang hat, wenn es inhaltlich ungerecht und unzweckmäßig ist, es sei denn, daß der Widerspruch des positiven Gesetzes zur Gerechtigkeit ein so unerträgliches Maß erreicht, daß das Gesetz als ›unrichtiges Recht‹ der Gerechtigkeit zu weichen hat.«

So verhält es sich mit § 27 des Grenzgesetzes, erklärt die 23. Strafkammer. Es ist ein unerträglicher Widerspruch zu allen Grundsätzen der Gerechtigkeit und zu den Menschenrechten, wenn ein Staat auf seine Bürger schießen läßt, nur weil sie das Land verlassen wollen. Wir erkennen § 27 nicht an, obwohl wir verpflichtet sind, das Recht der DDR anzuwenden. Aber wir sind der Meinung, dieses Gesetz hatte schon in der DDR – Radbruchsche Formel – keine Geltung. »Es ist nicht alles Recht, was Gesetz ist«, sagte der Vorsitzende Richter.

Auf einen Befehl könne sich Ingo Heinrich auch nicht berufen, obwohl ihm sein Postenführer zugerufen hatte »Schieß doch!« Das sei nur ein Befehl zum Schießen gewesen, nicht zum Erschießen. Der wurde deswegen übrigens auch freigesprochen. Und wenn er, Ingo Heinrich, gemeint hat, die Schüsse seien rechtmäßig? Tut uns leid. Dann habe er sich eben geirrt. Ein sogenannter Verbotsirrtum. Der schützt nur dann vor Strafe, wenn er vermeidbar ist. War er aber nicht.

Wörtlich:

»Das tötungsgeeignete Schießen auf Menschen, die lediglich das Gebiet der ehemaligen DDR verlassen wollten, verstößt derart gegen die Normen der Ethik und des menschlichen Zusammenlebens, daß sich, auch unter Berücksichtigung der Indoktrination, Erziehung und Schulung in der ehemaligen DDR, schlechterdings nicht vorstellen läßt, daß sich der Angeklagte unter Berücksichtigung seiner Herkunft, seiner schulischen Bildung und seiner Persönlichkeit bei dem ihm zur Last gelegten Vorgehen gegen die Flüchtenden in einem die Schuld ausschließenden Verbotsirrtum befunden hat. (...) Die Erkenntnis, daß tödliche Schüsse an der Grenze krasses Unrecht waren und in eklatantem Widerspruch zu den allgemein anerkannten Grundsätzen von Recht und Gerechtigkeit standen, hätten bei entsprechender Gewissensanspannung bei den Grenzsoldaten und deren Vorgesetzten Allgemeingut sein müssen und können. (...) Wenn es um die Tötung von Menschen im Interesse der Machterhaltung der Obrigkeit geht, darf man aber im letzten Viertel des 20. Jahrhunderts sein Gewissen nicht so schnell abschalten.«

Als Gustav Radbruch 1946 seine Formel schrieb, war er 67 Jahre alt. Vierzehn Jahre vorher, 1932, 53 Jahre alt, hat er noch genau das Gegenteil zu Papier gebracht. Man darf es ruhig zweimal lesen. Es ist genau das Gegenteil (*Rechtsphilosophie*, 3. Auflage, S. 32):

»Für den Richter ist es Berufspflicht, den Geltungswillen des Gesetzes zur Geltung zu bringen, das eigene Rechtsgefühl dem autoritativen Rechtsbefehl zu opfern, nur zu fragen, was Rechtens ist, und niemals, ob es auch gerecht sei. (...) Wie ungerecht immer das Recht seinem Inhalt nach sich gestalten möge – es hat sich gezeigt, daß es einen Zweck stets, schon durch sein Dasein, erfüllt, den der Rechtssicherheit. (...) Wir verachten den Pfarrer, der gegen seine Überzeugung predigt, aber wir verehren den Richter, der sich durch sein widerstrebendes Rechtsgefühl in seiner Gesetzestreue nicht beirren läßt.«

Also, was ein 53 Jahre alter und ausgewachsener Professor im Jahre 1932 noch nicht ahnen konnte, das muß ein 24 Jahre alter Grenzsoldat der DDR im Jahre 1984 wissen. Die Radbruchsche Formel. Der Vorsitzende Richter sollte mal im ersten juristischen Staatsexamen einen Jurastudenten danach fragen. Kaum einer kennt sie. Im »letzten Viertel des 20. Jahrhunderts«.

Für den zweiten Mauerschützenprozeß, dessen Urteil dann ja als erstes bestätigt wurde, hat der Bundesgerichtshof das im wesentlichen genauso gesehen. Nur etwas komplizierter. § 27 des Grenzgesetzes sei von der »Rechtspraxis« der DDR ganz allgemein als Rechtfertigungsgrund für Tötungen anerkannt gewesen. Mit anderen Worten, nach DDR-Recht war diese Vorschrift ein allgemeiner Rechtfertigungsgrund. Wie bei uns etwa die Notwehr, wenn man angegriffen wird und sich nicht anders verteidigen kann als durch die Tötung des anderen. Dieser Rechtfertigungsgrund des § 27 müsse aber im Sinne der Radbruchschen Formel durch eine »menschenrechtsfreundliche Auslegung« eingeschränkt werden. Diese »menschenrechtsfreundliche Auslegung« entspreche zwar nicht der »Rechtspraxis« der DDR, wohl aber ihrer Wertordnung. Mit anderen Worten, das ist gar nicht unsere westliche Auslegung, heil Dir im Siegerkranz, fünf hochqualifizierte Westjuristen im fünften Strafsenat des Bundesgerichtshofes. Nein, mit Westrecht hat das gar nichts zu tun. Das sei schon angelegt gewesen im Wert- und Verfassungssystem der DDR. Man fragt sich zwar, welche DDR die Bundesrichter da eigentlich im Auge haben – die von Robert Havemann oder die des Erich Honecker –, bekommt keine Antwort, nur die Auskunft, § 27 sei nach dem richtig verstandenen DDR-Recht in dem Sinne zu verstehen, daß er nur Verletzungen gestatte, keine Tötungen. Eine kleine Einschränkung. Und das hätte man als Grenzsoldat natürlich wissen müssen. Siehe oben.

Diese Meinung hat der Bundesgerichtshof in allen späteren Urteilen zu Mauerschützenprozessen beibehalten, gleichgültig ob er die Urteile bestätigt hat oder aufgehoben. Die Einzelheiten spielen keine Rolle. Aber etwas anderes spielt eine Rolle.

Ein drittes Problem. Neben dem ersten des § 27 Grenzgesetz und dem zweiten der Frage des Handelns auf Befehl. Das dritte Problem: Das Grundgesetz. Unser Grundgesetz der Bundesrepublik Deutschland. Denn hier wird ja schließlich verurteilt. Und dafür gilt, unabhängig davon, ob wir nach unserem Recht urteilen oder nach dem der DDR, oder nach dem Recht der DDR, wie wir es jetzt erst richtig verstanden haben, also dafür gilt der Artikel 103 Absatz 2 des Grundgesetzes:

> »Eine Tat kann nur bestraft werden, wenn die Strafbarkeit gesetzlich bestimmt war, bevor die Tat begangen wurde.«

»Wieso das?« wird mancher fragen. Mord und Totschlag ist doch auch strafbar gewesen nach dem Recht der DDR? Ja ja, wird ihm der Jurist antworten. Das ist schon richtig. Aber wenn man einen Rechtfertigungsgrund streicht, der vorher eine Tat gerechtfertigt hat, so daß sie nicht bestraft werden konnte, und man verurteilt den Betreffenden, nachdem man das gestrichen hat? Das ist dasselbe, wie wenn man ihn aufgrund eines Gesetzes bestraft, das erst nach der Tat erlassen worden ist. Diesen Fall meint Artikel 103 Absatz 2 in erster Linie. Aber er trifft auch den ersten. Die nachträgliche Streichung eines Rechtfertigungsgrundes.

Artikel 103 Absatz 2 des Grundgesetzes enthält das berühmte Rückwirkungsverbot. *Nulla poena sine lege.* Keine Strafe ohne Gesetz. Einer der Eckpfeiler des Rechtsstaates. Und der wird eben nicht nur beseitigt, wenn man verurteilt, obwohl es das Strafgesetz zur Zeit der Tat noch nicht gegeben hat, sondern auch, wenn man es gegen einen Rechtfertigungsgrund tut, der damals in Geltung gewesen ist. Denn auch dann hätte der Täter damals nicht bestraft werden können. Ganz einfach.

Ganz einfach? Nein, sagt die 23. Strafkammer des Landgerichts Berlin im ersten Mauerschützenprozeß. Artikel 103 Absatz 2 steht einer Verurteilung nicht im Wege. Denn sonst würde die Radbruchsche Formel »ins Leere« laufen. Der Bundesgerichtshof, in der Bestätigung des zweiten Mauerschützenurteils, macht es noch etwas deutlicher. Artikel 103 Absatz 2 schließt eine Bestrafung der Grenzsoldaten nicht aus, »weil die Tat nach dem richtig ausgelegten Recht der DDR zur Tatzeit strafbar war«.

Ausgelegtes Recht? Eingelegtes Recht? Recht? Das einzig Vernünftige dazu, in einem Satz, hat der Bonner Staatsrechtler Josef Isensee gesagt, 1991, auf der Jahrestagung seiner Kollegen vom Staatsrecht: »Rückwirkung liegt auch im Zurechtschneiden des alten Strafrechts nach neuen Wertungen.«

Also? Also, wenn ein Jurist so etwas sagt, ist das erst einmal eine Meinung, noch kein Recht. Es ist natürlich nicht ganz unwichtig, wer das sagt. Und Josef Isensee ist nicht irgendeiner. Er ist schon crème de la crème. Aber den Bundesgerichtshof hat er trotzdem nicht beeindruckt, der natürlich wußte, was Isensee gesagt hat in der Diskussion, die mitgeschrieben wurde und veröffentlicht. Andere haben das vorher schon geschrieben. Andere danach. Und im übrigen gibt es auch Gegenstimmen in der Rechtswissenschaft. Die sind der Meinung des Bundesgerichtsfhofes.

Also? Wenn man es mal grob über den Daumen peilt, dann stand es etwa fünfzig zu fünfzig. Unentschieden. Bundesgerichtshof und einige Professoren der Rechtswissenschaft sagen nein. Es widerspricht nicht dem Artikel 103 Absatz 2. Nicht unwichtige Stimmen der Rechtswissenschaft sagen doch. Es widerspricht einem fundamentalen Verfassungsprinzip. Und dann ist was passiert. Eine kleine Sensation.

Dann ist Mitte 1993 die 30. Nachlieferung zum »Maunz-Dürig« erschienen. Und sagt, die Verurteilungen der Mauerschützen verstoßen gegen Artikel 103 Absatz 2. Eberhard Schmidt-Assmann heißt er, der das geschrieben hat, und das könnte die Wende sein für einen erfolgreichen Prozeß vor dem Bundesverfassungsgericht.

Maunz-Dürig, das ist der wichtigste Kommentar zum Grundgesetz. Für das Staatsrecht hat er fast die Bedeutung, die der Vatikan für die katholische Kirche hat. Darüber ist nur noch der liebe Gott. In diesem Fall das Bundesverfassungsgericht. Wenn also einer der verurteilten Mauerschützen jetzt zum lieben Gott geht, also mit einer Verfassungsbeschwerde gegen seine Verurteilung nach Karlsruhe vor das Bundesverfassungsgericht, dann hat er gute Chancen. Die Mauerschützenurteile sind ein Verstoß gegen Artikel 103 Absatz 2 und damit verfassungswidrig. Sie müssen aufgehoben werden.

Das mußte nicht unbedingt Folgen haben für den Prozeß gegen den Nationalen Verteidigungsrat. Maunz-Dürig sagt, das alles gelte nur für »nachgeordnete Vollzugsorgane«. Zum Beispiel die Mauerschützen. Sie können nicht bestraft werden. Ihre Bestrafung widerspricht dem Rückwirkungsverbot des Grundgesetzes. Womit gesagt ist, daß übergeordnete Staatsorgane bestraft werden können. Zum Beispiel die Mitglieder des Nationalen Verteidigungsrates. Sie dürfen sich nicht auf § 27 des Grenzgesetzes berufen und auf das Verbot der Rückwirkung. Dahinter steht die Idee, daß die Staatsführung mehr Verantwortung trägt als ein Grenzsoldat und auch hätte darauf hinwirken müssen, den § 27 in der Weise zu ändern, wie es das »richtig ausgelegte Recht der DDR« erforderte. Beides ist ohne Zweifel richtig. Nur ist es sehr schwierig, das in juristische Formen zu bringen. Wie ist es möglich, daß dasselbe Gesetz für die Tötungen einerseits eine Rechtfertigung ist und andererseits nicht? Dieses Rätsel löst Eberhard Schmidt-Assmann nicht.

Literatur

Das Urteil des LG Berlin im 1. Mauerschützenprozeß: *Juristenzeitung*, 1992, S.691; dazu das Revisionsurteil des Bundesgerichtshofs in: *Neue Juristische Wochenschrift*, 1993, S.1932. – Das Urteil des LG Berlin im 2. Mauerschützenprozeß: *Neue Zeitschrift für Strafrecht*, 1992, S.492 und dazu das Revisionsurteil des Bundesgerichtshofs: *Neue Juristische Wochenschrift*, 1993, S.141. – Die Erhöhung der Strafe im Potsdamer Sonderfall: Bundesgerichtshof, *Neue Juristische Wochenschrift*, 1994, S. 267. – Zusammenfassende Darstellung: Herwig Roggemann, *Die Mauerschützenprozesse*, 1993. – Gute Übersicht über die Diskussion in der strafrechtlichen Literatur: Hans Ludwig Schreiber, »Strafrechtliche Verantwortlichkeit für den Schußwaffengebrauch an der Grenze zwischen Bundesrepublik und DDR«, in: Ernst-Joachim Lampe (Hg.), *Die Verfolgung von Regierungskriminalität nach der Wiedervereinigung*, 1993, S.53 ff. – Der Satz von Josef Isensee: *Veröffentlichungen der Vereinigung der Deutschen Staatsrechtslehrer*, Heft 51, 1992, S.134. – Der »Maunz-Dürig«: Maunz/ Dürig/Schmidt-Assmann, *Grundgesetz, Kommentar*, 1993, Artikel 103 Absatz 2 Randziffer 255.

5. Ankläger und Richter, Verteidiger und Nebenkläger

In gewisser Weise hatte der Prozeß vor dem Landgericht Berlin schon begonnen, bevor die Anklage erhoben wurde. Eine Episode, nicht unbedingt ein Ruhmesblatt. Man wußte am Gericht, daß die Anklage gegen Honecker und die anderen kommen würde. Es gibt regelmäßige Meldungen der Staatsanwaltschaft. Die arbeitete daran mit großer Eile und war im Mai fertig. Zwei Monate vorher, im März, handelte das Landgericht und mogelte ein bißchen herum am Prinzip des gesetzlichen Richters.

Das Prinzip ist ehrwürdig, stammt aus dem 19. Jahrhundert, gehört zu den Grundrechten eines Angeklagten und ist in Artikel 101 des Grundgesetzes garantiert: »Niemand darf seinem gesetzlichen Richter entzogen werden.« Im Alltag der Justiz ergibt sich das aus den Geschäftsverteilungsplänen der Gerichte, die bestimmen, welcher Richter zuständig ist, nämlich nach dem Anfangsbuchstaben im Familiennamen des Angeklagten. Diese Pläne werden am Ende eines Jahres für das nächste beschlossen, vom Präsidium des Gerichts, und bleiben oft über Jahre unverändert. Hinter dem Prinzip steht der Gedanke, daß nicht manipuliert werden darf. Der eine Angeklagte soll nicht willkürlich einem milderen Richter und der andere nicht – etwa aus politischen Gründen – einem härteren zugeteilt werden.

Ob man die Änderung der Geschäftsverteilung des Landgerichts Berlin eine Manipulation nennen will, ist eine Frage des Standpunkts. Ein sehr kritischer Kritiker könnte auf die Idee kommen. Eigentlich darf ein solcher Geschäftsverteilungsplan im Laufe des betreffenden Jahres nicht mehr geändert werden. Nur ausnahmsweise, aus dringenden Gründen.

Das Präsidium des Landgerichts Berlin – die Vorsitzenden aller Strafkammern – war im März 1992 der Meinung, ein dringender Grund sei vorhanden. Man brauchte dringend eine zusätzliche Kammer, denn die Zahl der Verhandlungen war stark gestiegen, nachdem der Ostteil der Stadt dazugekommen war. Was man eigentlich auch schon Ende 1991 wissen mußte. Aber nun gut. Es mußte also neu verteilt werden, und die 27. große Strafkammer wurde zuständig für die Buchstaben H bis M, Honecker bis Mielke. Wobei man noch wissen muß, daß bei mehreren Angeklagten der Name des ältesten über die Zuständigkeit entscheidet und daß außerdem – rein zufällig – der Vorsitz der Strafkammer zwei Wochen vor dieser Neuverteilung gewechselt hatte. Der bisherige Vorsitzende war in den vorzeitigen Ruhestand gegangen. Sein Nachfolger war Hansgeorg Bräutigam.

Dieser Mann, 55 Jahre alt, war in der Stadt kein Unbekannter. Ab und zu war er aufgefallen, zum Beispiel in den siebziger Jahren. Damals wurde bekannt, daß er als Richter am Kammergericht unter dem Pseudonym Georg Riedel politische Kommentare in der *Berliner Morgenpost* geschrieben hatte, die selbst in dieser Springer-Zeitung am Rand ihres üblichen Spektrums lagen. Es gab einen kleinen Skandal, aber er hatte keine Folgen. Nur schrieb Georg Riedel nicht mehr in der *Morgenpost*. Seitdem weiß man, daß er – anders als Reichskanzler Wirth in seiner Rede vor dem Reichstag nach der Ermordung Walter Rathenaus – niemals sagen würde: »Der Feind steht rechts.« Und der Eindruck war wohl nicht falsch, daß er als Mitglied des Präsidiums des Landgerichts im März einer derjenigen gewesen war, die dafür gesorgt hatten, daß er »Honeckers Richter« wurde.

Die beiden anderen Richter der 27. Strafkammer waren Hans Boß, 47 Jahre alt, und Michael Abel, 37 Jahre. Abel ist derjenige gewesen, der als Berichterstatter im Hintergrund die meiste Arbeit geleistet und später auch das Urteil entworfen hat. Daneben gab es noch zwei Schöffen, einen Elektriker und eine Justizbeamtin. Als Bräutigam im Januar 1993 ausscheiden mußte, wurde Hans Boß Vorsitzender in diesem Verfahren, und an seine Stelle trat Dr. Kai Dieckmann, ein Ersatzrichter aus einer anderen Kammer, der von Anfang an dabei gewesen war. Das macht man immer so in größeren Prozessen, vorsichtshalber, um nicht noch einmal ganz von vorn anfangen zu müssen, wenn einer der Richter ausfällt. Denn jeder der Richter, die am Ende das Urteil beschließen, muß den ganzen Lauf der mündlichen Verhandlung kennen, von Anfang an, nicht nur einen Teil und die Akten.

Die Anklage kam aus der »Arbeitsgruppe Regierungskriminalität«, die zur Staatsanwaltschaft beim Kammergericht gehört. Sie ist sofort nach der Wiedervereinigung gebildet worden durch eine Vereinbarung der Justizminister der Bundesländer, die sich verpflichteten, dieser ziemlich großen Behörde jeweils eine entsprechende Zahl von Staatsanwälten zur Verfügung zu stellen, denn das Land Berlin war allein nicht in der Lage, die für notwendig gehaltene Zahl von fast siebzig Juristen aus eigenen Mitteln aufzubringen. Chef der Abteilung wurde der Leitende Oberstaatsanwalt Christoph Schaefgen, der schon seit den sechziger Jahren in der Berliner Staatsanwaltschaft arbeitet.

Im Gegensatz zur Verfolgung von NS-Unrecht hat man hier mit der Einrichtung dieser Arbeitsgruppe sehr schnell gehandelt, und es ist fraglich, ob das ein Vorteil war. Die entsprechende »Zentrale Stelle der Landesjustizverwaltungen zur Aufklärung nationalsozialistischer Gewaltverbrechen« in Ludwigsburg bei Stuttgart ist erst 1958 gegründet worden, dreizehn Jahre nach dem Zusammenbruch des Dritten Reichs. Damals also langes Zögern, heute sofort energisches Zupacken. Die Gründe liegen auf der Hand. Damals war die Justiz der Bundesrepublik mit vielen Richtern und Staatsanwälten belastet, die selbst aktiv gewesen sind in jener Zeit fürchterlichen Unrechts. Gegen politische Freunde geht man nicht vor mit so großer Begeisterung.

Ganz anders heute, denn die DDR war der politische Feind. Natürlich mußte das Unrecht jetzt ganz schnell verfolgt werden. Die späte Gründung der Zentralstelle 1958 hatte immerhin den Vorteil, daß nun ohnehin viel Zeit verstrichen war und man ohne größeren Schaden in aller Ruhe das noch vorhandene Material aufarbeiten konnte, während die Berliner Arbeitsgruppe sich ohne jede gründliche Kenntnis der Geschichte sofort hektisch auf Einzelheiten stürzte.

Dafür nur ein Beispiel, nämlich jener unglückselige Prozeß gegen Erich Mielke wegen der Bülowplatz-Affäre von 1931. Damals waren zwei Polizisten von Kommunisten erschossen worden, und Erich Mielke hatte was damit zu tun. Man hat die Akten im Panzerschrank seines Arbeitszimmers im Lichtenberger Ministerium für Staatssicherheit gefunden, sah darin eine Möglichkeit, sofort gegen ihn vorzugehen, und hat die Gelegenheit wahrgenommen. Also Anklage wegen Mordes an den Polizisten vor einundsechzig Jahren, peinlicherweise auch auf der Grundlage von Akten aus der NS-Zeit. Aber nicht so sehr dieser Mangel an Sensibilität ist kennzeichnend für die Haltung der Arbeitsgruppe Regierungskriminalität, sondern die übertriebene Eile, mit der sie vorgeprescht ist. Sie verhinderte nämlich, daß Erich Mielke an jenem Prozeß teilnehmen konnte, in dem seine Anwesenheit sehr viel sinnvoller gewesen wäre, nämlich am Verfahren gegen den Nationalen Verteidigungsrat. Mit zwei Prozessen war der Vierundachtzigjährige überfordert, das zweite Verfahren gegen ihn mußte vorläufig eingestellt werden, und heftig war das empörte Kopfschütteln hinter den Kulissen der Berliner Justiz.

Im übrigen hat die Arbeitsgruppe Regierungskriminalität den Prozeß gegen den Nationalen Verteidigungsrat durchaus ernst genommen. Wie wichtig er für sie war, kann man daran sehen, daß zeitweise sogar vier leibhaftige Oberstaatsanwälte an der Verhandlung teilnahmen, darunter ein Leitender. Einer von ihnen landete allerdings später auf der Bank im Zuschauerraum, nachdem es in der Abteilung offensichtlich Meinungsverschiedenheiten gegeben hatte vor jener Sitzung am Montag der Weihnachtswoche 1992, an dem entschieden werden sollte über die Einstellung des Verfahrens gegen Erich Honecker. Meinungsverschiedenheiten, bei denen Christoph Schaefgen sich mit seiner harten Linie durchgesetzt hatte, also Ablehnung des Antrags der Verteidigung, was ohne Zweifel auch Einfluß gehabt hat auf die Entscheidung der 27. Strafkammer.

Ganz anders die Gegenseite. Sie war homogen. Selten hat man in großen Strafprozessen der Bundesrepublik eine so gut organisierte Verteidigung gesehen wie die für Erich Honecker. Auch das gehört zum Rechtsstaat. Bis auf wenige Patzer hat diese Verteidigung perfekt gearbeitet. Drei Anwälte. In ihrer Mitte Dr. Friedrich Wolff, der Senior der Ostberliner, der sich zwei jüngere Westberliner an die Seite gestellt hatte, die die eigentliche juristische Arbeit übernahmen und sich vorzüglich ergänzten. Man kann ja auf zweierlei Weise eine Strafverteidigung betreiben. Hart oder weich. Entweder harte Konfrontation mit Gericht und Staatsanwaltschaft oder weiche Kooperation. Je nach Situation ist das eine oder andere richtig oder falsch. Gute Strafverteidiger müssen beides können. Diese beiden konnten es und spielten mit verteilten Rollen, Nicolas Becker die harte, Wolfgang Ziegler – ruhig und souverän – eher die weiche. Beide mit großer Erfahrung und Dr. Wolff als Dolmetscher zwischen ihnen und dem Hauptangeklagten. Das war schon imposant.

Auch die anderen Angeklagten handelten nach diesem Prinzip der Kombination von Ost und West. Mielke hatte einen Ostberliner und einen Westberliner Verteidiger, Keßler zwei Westberliner und einen Ostberliner und ähnlich Stoph, Streletz und Albrecht.

Schließlich, in Strafverfahren nicht allzu häufig, gab es auch noch Nebenkläger. Das ist die Möglichkeit für diejenigen, die durch eine Straftat geschädigt worden sind, sich der Anklage anzuschließen. Voraussetzung ist immer eine Anklage durch die Staatsanwaltschaft. Dann können sich in bestimmten Fällen der Geschädigte, seine Eltern, Kinder oder Ehegatten am Strafverfahren beteiligen, selbst oder vertreten durch einen Rechtsanwalt, Anträge und Fragen stellen, Beschwerden erheben oder Berufung und Revision einlegen gegen das Urteil. Sozusagen eine Verdoppelung der Anklage. Sie wird nicht immer gern gesehen von den Gerichten und der Staatsanwaltschaft, weil sie das Verfahren komplizierter machen kann und nicht selten zu Verzögerungen führt. So war es letztlich auch in diesem Verfahren, wobei sich besonders ein Anwalt bemerkbar machte. Er vertrat die Mutter von Michael Bittner, der im November 1986 an der Mauer erschossen worden war. Rechtsanwalt Hanns-Ekkehard Plöger ist am Strafgericht in Moabit gut bekannt. Nicht unbedingt wegen seiner juristischen Fähigkeiten, sondern weil er eine besondere Begabung hat für impertinente Peinlichkeiten, die schon manchen Richter zur Verzweiflung brachten und auch dem Honecker-Prozeß nicht erspart blieben.

Im Sommer 1993, als Honecker längst in Chile und auch das Verfolgungsinteresse dieses Nebenklägervertreters weitgehend verflogen war, hat man sich seiner endgültig entledigt. Und zwar einfach dadurch, daß die Anklage gegen die noch verbliebenen drei Angeklagten um zwei Fälle reduziert wurde, von zwölf auf zehn. Dazu gehörte auch die Erschießung Michael Bittners. Damit war die Grundlage für diese Nebenklage entfallen. Man war Plöger endlich los. Nach Hansgeorg Bräutigam und dem Staatsratsvorsitzenden hatte die dritte bemerkenswerte Figur den Prozeß vorzeitig verlassen.

6. Die ersten drei Wochen

Kriminalgericht Moabit, Turmstraße 91. Hier finden die Berliner Strafprozesse statt. Ein riesiger grauer Kasten mit einem hohen Turm, gebaut um die Jahrhundertwende. Er hat den Krieg gut überstanden. Ein Justizpalast, wie man sie damals baute, um zu zeigen, daß die Majestät des Rechts neben die des Königs getreten war, der Palast des Rechts neben das Schloß des Monarchen. Im hohen Innenhof findet man die eindrucksvollste Freitreppe eines deutschen Gerichts, nicht ganz so schön wie die von Balthasar Neumann in der Würzburger Residenz, aber genauso imposant. Einschüchterungsarchitektur. Wenn man auf dieser Treppe zwei Stockwerke nach oben geht, liegt in der Mitte Saal 700, ein sogenannter Schwurgerichtssaal, altdeutsch, düster, mit geschmacklosen Kronleuchtern aus den fünfziger Jahren. Das ist der Raum, in dem vor der 27. Strafkammer des Landgerichts Berlin der Prozeß gegen Erich Honecker und fünf andere Mitglieder des Nationalen Verteidigungsrates der DDR geführt wird.

Über der erhöhten Bank der Richter sieht man in der holzgetäfelten Wand eine geschnitzte Krone und zwei über Kreuz liegende Schwerter. Darüber eine offene Loge. Das war die für den Kaiser. An der hohen Decke viel Stuck und in der Mitte ein ähnliches Emblem mit zwei lateinischen Sprüchen: *Fiat Justitia* und *Suum coique* – die Gerechtigkeit solle durchgesetzt und jedem das Seine gegeben werden.

Das Gericht verhandelt zweimal wöchentlich, Montag und Donnerstag, jeweils drei Stunden von halb zehn bis halb eins. Sechs Monate soll der Prozeß dauern, bis Ende April. Niemand vermag zu sagen, ob der Plan eingehalten werden kann.

Alles hängt erst einmal ab von der Krankheit Erich Honeckers.

Donnerstag, 12. November 1992
Neun Uhr dreißig. Der erste Tag. Einer fehlt. Willi Stoph. Am Dienstag hatte er abends einen Herzanfall. Ein Notarzt wurde gerufen. Sein Hausarzt bescheinigt eine Angina pectoris, und beide Ärzte sind der Meinung, Stoph sei zur Zeit nicht verhandlungsfähig. Das Fehlen des einen Angeklagten fällt zunächst nicht auf, denn der Saal ist gerammelt voll. Vorn die Richter, links und rechts die Angeklagten mit ihren Verteidigern, vorn rechts die Staatsanwaltschaft, in der Mitte gegenüber den Richtern einige Nebenkläger mit Anwälten, dahinter siebzig Journalisten und ganz hinten fünfundsiebzig Zuschauer. Damit ist der Saal ähnlich überfordert wie die deutsche Justiz mit diesem Prozeß.

Er beginnt mit dem üblichen Geplänkel zwischen Richtern, Staatsanwälten und Verteidigern um Formalitäten. So ist es immer am Anfang großer Prozesse. Die Formalitäten sind nicht unwichtig. Sie sind die einzige Waffe des Angeklagten gegenüber der Heiligen Allianz von Richtern und Staatsanwälten. Sie gehören zum Rechtsstaat. Außerdem müssen die juristischen Akteure mit den Muskeln spielen, einschüchtern, nervös machen, Platzvorteile sichern, zeigen, wer der Klügste und Schnellste ist. Honecker kommt ebensowenig zu Wort wie die anderen Angeklagten. Es dreht sich um die Krankheit von Willi Stoph. Der hat ein Attest seines privaten Arztes vorgelegt, und das genügt nicht, meint die Staatsanwaltschaft. Der Vorsitzende Richter wirkt etwas unsicher, die Staatsanwaltschaft souverän, und den besten Eindruck macht einer der drei Verteidiger des Staatsratsvorsitzenden. Wenn man ein wenig von der Sache versteht und ganz genau hinhört, lassen sich leichte Platzvorteile für die Verteidigung feststellen. Wie dem auch sei. Nach einer Viertelstunde zieht sich das Gericht zur Beratung zurück. Drei Richter und zwei Schöffen. Im Saal steht man auf, die Spannung legt sich. Der Staatsratsvorsitzende macht eine leichte Andeutung von drei Kniebeugen, und Journalisten und Zuschauer steigen auf die Bänke, um ihn besser sehen zu können.

Die Beratung dauert eine halbe Stunde. Dann kommt das Gericht zurück und verkündet, daß Willi Stoph von einem Amtsarzt untersucht werden soll. Der Prozeß wird unterbrochen. Es ist Viertel nach zehn. Das war's. Fortsetzung am nächsten Montag. Auch das ist der Rechtsstaat. Der Staatsratsvorsitzende wirkt leicht amüsiert.

Am nächsten Tag, Freitag, beschließt die 27. Strafkammer, das Verfahren gegen Willi Stoph abzutrennen und vorläufig einzustellen. Wegen Verhandlungsunfähigkeit, die nun amtsärztlich nachgewiesen ist. Im Juli des nächsten Jahres wird es aus diesem Grund endgültig eingestellt werden. Der Beschluß über die vorläufige Einstellung, der im Prinzip völlig richtig ist, hat allerdings einen leichten Makel. Das Gericht hat vor seiner Entscheidung die übrigen Verfahrensbeteiligten nicht gehört. Die anderen Angeklagten und ihre Verteidiger, die Nebenkläger und ihre Vertreter hätten Stellung nehmen müssen. Der Vorsitzende Richter hatte es vergessen. Wie Nicolas Becker, einer der Verteidiger Honeckers, es formuliert: Hansgeorg Bräutigam sei »immer eine Spur zu schnell, immer eine Spur zu unjuristisch«.

Im übrigen war noch ein zweiter Antrag zur Abtrennung und vorläufige Einstellung des Verfahrens gestellt worden, nämlich von der Verteidigung Mielkes. Gegen ihn lief schon seit einiger Zeit, an anderen Tagen, im selben Saal, noch ein anderes Verfahren, der Prozeß wegen der Erschießung zweier Polizisten auf dem Berliner Bülowplatz 1931. Erich Mielke, 84 Jahre alt, ist nur beschränkt verhandlungsfähig. Die Belastung mit zwei Prozessen sei zu groß. Diesmal vermied das Gericht formale Fehler. Die Beteiligten wurden gehört, wenige Tage später erging der Beschluß, auch gegen diesen Angeklagten wird das Verfahren vorläufig eingestellt. Von den ursprünglich sechs Angeklagten sind also am Donnerstag der nächsten Woche, dem dritten Verhandlungstag, nur noch vier erschienen: Honecker, Keßler, Streletz, Albrecht.

Für das Gericht hatte dies den Vorteil, daß man hoffen

konnte, es würde schneller gehen. Ebenso wie schon die Zahl der Tatvorwürfe von 68 auf 12 beschränkt worden war. Das alte Problem. Seit der Untersuchung Honeckers im August steht über dem Prozeß das Fragezeichen seiner Krankheit. Würde das Urteil noch gesprochen werden können, bevor er stirbt?

Montag, 16. November 1992

Wurde am ersten Tag nur eine dreiviertel Stunde verhandelt, weil Stoph nicht erschien, dauerte die Verhandlung am zweiten Tag schon fast zwei Stunden. Dann war Erich Honecker erschöpft. »Herr Honecker, wie geht es Ihnen?« fragte der Vorsitzende Richter und erhielt eine sehr leise Antwort: »Jetzt kann ich nicht mehr.«

Um Viertel nach neun war er in den Saal geführt worden, der außer dem Haupteingang noch drei Sondertüren hat. Eine für die Richter, die immer aus dem Beratungszimmer eintreten. Eine Tür für das normale Publikum, das direkt von einem Eingang unten an der Turmstraße eine schmale Treppe hochsteigt und den Saal von hinten betritt. Und die dritte für die Angeklagten, eine Spezialität dieses Justizpalastes.

»Lautlosigkeit ist eine der unheimlichen Komponenten der Moabiter Atmosphäre«, schrieb Paul Schlesinger, der Gerichtsreporter der *Vossischen Zeitung*, schon 1926. »Der prunkvolle Treppenbau mit seinem öden und ungefühlten Schmuck von sandsteinernen Allegorien ist fast immer menschenleer.« Ein Schweigen, das verstärkt wird durch die unsichtbaren Gänge vom Untersuchungsgefängnis direkt in den Gerichtssaal. »Wird im Saal mal eine sofortige Verhaftung verfügt, eine Tür öffnet sich, eine Gestalt ist verschluckt.«

Einer dieser für das Publikum im Gerichtsgebäude unsichtbaren Gänge führt auch in den Saal 700, durch die dritte Tür, in der Erich Honecker erschienen war, begleitet von Justizpersonal, und nicht nur hinten das Publikum, auch vorn die Journalisten stehen auf, viele steigen sogar auf die Bänke, um zu sehen, wie er die anderen Angeklagten begrüßt.

Dieser Montag ist der Tag der Verteidigung Honeckers. Sie

ist wirklich vorzüglich organisiert. Vorn auf der Bank neben Erich Honecker sitzt Friedrich Wolff aus Ostberlin. Hinter ihnen die beiden Westberliner Anwälte Nicolas Becker und Wolfgang Ziegler. Wolfgang Ziegler liest den gemeinsamen Befangenheitsantrag vor, siebzig Minuten, klar formuliert, und er macht großen Eindruck. Die Richter werden wegen Besorgnis der Befangenheit abgelehnt, weil ihre Zuständigkeit manipuliert worden sei, sie den Prozeß in großer Eile vorantreiben wollten und keine Rücksicht nehmen würden auf die Krankheit des Hauptangeklagten. Der sei ein todgeweihter Mann und könne das Ende des Prozesses nicht erleben. Am Ende des Antrags: »Es ist für Herrn Honecker auch kein Trost, daß der Vorsitzende Richter sich öffentlich mehrfach als aktiven Antikommunisten bezeichnet hat.«

Im Grunde sind es also zwei Vorwürfe, die Manipulation der Zuständigkeit und die Unredlichkeit bei der Beurteilung des Gesundheitszustandes ihres Mandanten. Wobei das erste an sich nicht in einen Antrag auf Ablehnung wegen Besorgnis der Befangenheit gehört, sondern es ist eine in der Strafprozeßordnung besonders vorgesehene Rüge der fehlerhaften Besetzung des Gerichts (§ 222a), die später zur Aufhebung des Urteils führen kann, wenn sie zu Recht erfolgte (§ 338 Ziffer 1). Dahinter steht die Neuverteilung der Zuständigkeiten der Strafkammern im März, die nicht unproblematisch gewesen ist. Denn es war auch für Unbefangene der Eindruck entstanden, Hansgeorg Bräutigam sei gezielt als Richter für diesen Prozeß eingesetzt worden oder habe sich sogar bewußt hineingedrängt. Juristisch ist das wohl kaum zu beanstanden (§ 21e Absatz 3 des Gerichtsverfassungsgesetzes). Aber besonders glücklich war sie nicht, die verspätete Neuverteilung mit dem Ergebnis dieses Richters für diesen Prozeß. Natürlich mußte die Verteidigung darauf hinweisen.

Das Vertrauen in die Neutralität Bräutigams wurde durch einen Beschluß Anfang November nicht gerade verstärkt. Ein nichtöffentlicher Termin, in dem über die Verhandlungsfähigkeit Honeckers entschieden wurde. Der vom Gericht bestellte ärztliche Gutachter kam – für Bräutigam überraschend – zu dem Ergebnis, der Angeklagte könne dem Prozeß nur zweimal in der Woche jeweils eine Stunde folgen. Sein Leberkrebs sei zu weit fortgeschritten, er würde nur noch bis etwa zur Mitte des nächsten Jahres leben. Mit zwei Stunden pro Woche müßte man aber mindestens bis zur Mitte des übernächsten Jahres verhandeln. Und wenn sicher ist, daß ein Angeklagter das Ende eines Prozesses nicht erleben wird, muß das Verfahren beendet werden. Also wurde ein zweiter Gutachter gehört, Professor Kirstaedter, der dem ersten widersprach, und die Richter konnten bei ihrer Zeitplanung bleiben. Das Peinliche an dieser Entscheidung war nur, daß der zweite Gutachter Erich Honecker überhaupt nicht selbst untersucht hatte. Ein Gutachten vom grünen Tisch. Für einen Arzt kaum möglich. Und die Richter wußten das. Also stützte sich das von Wolfgang Ziegler vorgetragene Ablehnungsgesuch auch auf diesen Grund.

Nicolas Becker ergänzte, andere Vorwürfe gegen Bräutigam gingen »eher auf das Konto der Jugendsünden und werden nicht aufgeführt«. Der Saal lachte. Man wußte, er meinte die Artikel von »Georg Riedel« in der *Berliner Morgenpost.*

Donnerstag, 19. November 1992
Der Tag beginnt mit der Verkündung eines Beschlusses der 51. Strafkammer, die über den Befangenheitsantrag vom Montag zu entscheiden hatte. Der Antrag wird abgelehnt. Was zu erwarten war. Denn die neue Zuständigkeit geht juristisch wohl in Ordnung, und es ist nicht unbedingt zu beanstanden, wenn ein Richter dem einen Gutachter glaubt und dem anderen nicht. Hansgeorg Bräutigam liest etwa doppelt so schnell wie Wolfgang Ziegler drei Tage vorher. Die Verteidigung hat Zeit, der Richter nicht. Im Text der 51. Kammer ist eine vorsichtige Kritik an der Haltung der 27. nicht zu überhören. Es sei »zumindest nicht unvertretbar« gewesen, sich auf den zweiten Gutachter zu verlassen. Im Klartext: Wir hätten es nicht getan. Aber immerhin. Der Antrag der Verteidigung wird abgelehnt.

Nun tritt zum erstenmal Rechtsanwalt Hanns-Ekkehard

Plöger auf, mit seiner ersten Zirkusnummer. Er vertritt die Nebenklägerin und Mutter des 1986 an der Berliner Mauer erschossenen Michael Bittner. Er bezweifelt die Identität des im Saal sitzenden Hauptangeklagten. Der Erich Honecker, der in Moskau von russischen Ärzten untersucht worden ist, sei gesund gewesen. Derjenige, der im Juli nach Deutschland zurückgebracht wurde, sei nun plötzlich schwer krank und habe einen Leberkrebs. Er könne unmöglich derselbe sein. Wahrscheinlich hätten uns die Russen einen falschen unterge-schoben und der echte sitze irgendwo am Schwarzen Meer und freue sich seines Lebens. Also beantragt Nebenklägerver-treter Plöger die erkennungsdienstliche Feststellung, daß der hier Anwesende wirklich Erich Honecker ist. Es müsse doch noch alte Fingerabdrücke geben.

Der Vorsitzende Richter wird nervös, wie viele Richter in Moabit, wenn Plöger auftritt, der darauf offensichtlich auch spekuliert. Denn dann machen sie Fehler, und das hilft viel-leicht seinen Mandanten. Hansgeorg Bräutigam erklärt, man möge ihn mit solchem »absurden« Zeug in Ruhe lassen. Natürlich wird der Antrag abgelehnt.

Und schließlich kommt Rechtsanwalt Nicolas Becker mit dem zweiten Antrag der Verteidigung. Es ist der Antrag auf Einstellung des Verfahrens, weil sein Mandant wegen des Krebsleidens das Ende des Prozesses nicht mehr erleben werde. Ein Verfahrenshindernis, das in der Strafprozeßordnung nicht ausdrücklich genannt ist, das sich aber in Literatur und Recht-sprechung der letzten Jahre allmählich herausgebildet hat, ohne daß sich dies schon zu jener allgemeinen Überzeugung entwickelte, die man »herrschende Meinung« nennt. Es gibt dazu allerdings für einen ähnlichen Fall schon eine Entschei-dung des Bundesverfassungsgerichts von 1979 (*Entscheidungen des Bundesverfassungsgerichts*, 51. Band, S.324).

Nicolas Becker spricht eine halbe Stunde über die Entwick-lung der Krankheit. Wie groß der Leberkrebs war, als Honecker im Juli aus Moskau kam. Nämlich fünf Zentimeter. Im September sind es sieben Komma fünf Zentimeter gewe-sen, im Oktober über acht. Das Volumen der Krebsgeschwulst verdoppelt sich, wenn die Länge um die Hälfte wächst. Wie groß ist also die Wachstumsgeschwindigkeit? Höchste Stufe. Dazu die seelischen Probleme. Man unterscheidet drei oder vier Phasen. Herr Honecker sei jetzt in der vorletzten, müsse sich mit der Erkenntnis beschäftigen, daß er dem Tode sehr nahe sei.

Erich Honecker sitzt auf der Bank und hört zu. Alle hören zu. Was geht hier vor? Ist die Würde des Menschen wirklich unantastbar? Es ist die Pflicht der Verteidigung, diesen Antrag zu stellen und ihn in dieser Weise zu begründen. Aber ist das noch erträglich? Ob Hansgeorg Bräutigam in der nicht-öffentlichen Sitzung Anfang November den Antrag nur deswegen abgelehnt hat, weil es sonst in großen Teilen der Öffentlichkeit einen Aufschrei der Empörung gegeben hätte, daß man Honecker verschont? Ob Bräutigam darauf spekuliert hat, daß nun alles noch einmal in öffentlicher Sitzung verhandelt werden muß und sich auch in der Öffentlichkeit allmählich die Erkenntnis durchsetzt, daß es so eigentlich nicht mehr weitergehen kann?

Schließlich ist es 12 Uhr 25, und der schmale kleine Mann im dunklen Anzug, dessen Leberkrebs jetzt ungefähr neun Zentimeter lang ist, wird vom Leiter der Hausverwaltung freundlich und vorsichtig aus dem Saal geführt. Das ist Herr Hinz. Er ist etwas größer als der Staatsratsvorsitzende, ein wenig korpulent und trägt eine helle Jacke mit einer dunklen Hose.

Donnerstag, 26. November 1992
Der vierte Verhandlungstag. Am Montag dieser Woche fand keine Sitzung statt. Der Prozeß dreht sich weiter um Formalitäten. Immerhin hört man am Rande, Frau Kelm, Honeckers Sekretärin, habe in einer Vernehmung Anfang September berichtet, es hätte Streitigkeiten mit Mielke gegeben. Jetzt weht ein Zipfel des Mantels der Geschichte durch den Saal. Honecker sei sehr erregt gewesen über die Erschießungen an der Grenze, und es war wohl sehr laut. Rechtsanwalt Becker trägt das vor im Zusammenhang mit einem Antrag auf Verta-

gung. Dies sei nur ein Detail unter vielen anderen, die von großer Bedeutung seien für diesen Prozeß, und die Verteidigung
habe das Material – rund 13 000 Seiten neuer Ermittlungsak-
ten – erst kurz vor dem Beginn der Hauptverhandlung am 12.
November erhalten, also nicht genug Zeit, um sich ausreichend vorzubereiten.

Dahinter steht ein weiteres ernstes Problem dieses Prozesses.
Die Staatsanwaltschaft ermittelt nämlich ständig weiter. Das
ist insofern korrekt, als es sich offiziell um andere Verfahren
handelt, andere Verfahren gegen Erich Honecker. Der Prozeß
hier betrifft nur den Totschlag in zwölf einzelnen Fällen, die
übriggeblieben sind, nachdem man die anderen 56 abgetrennt
hat. Neben diesen ursprünglich angeklagten 68 Fällen gab es
aber noch mehr Tote an der deutsch-deutschen Grenze. Deswegen ermittelt die Staatsanwaltschaft weiter, und natürlich
hat das auch Bedeutung für diesen Prozeß. Wie zum Beispiel
die Vernehmung von Frau Kelm.

Das Problem ist die Eile bei der Vorbereitung dieses Prozesses und die Zeitnot, die jetzt noch dazukommt, weil man
fürchten muß, der Hauptangeklagte werde das Urteil nicht
mehr erleben. Die Eile bei der Vorbereitung geht zurück auf
das Problem seiner Auslieferung. Als Honecker in der chilenischen Botschaft in Moskau Zuflucht gesucht hatte, sagten Russen und Chilenen, sie müßten erst die Anklage sehen. Also
wurde in Berlin fieberhaft gearbeitet. Die Anklageschrift trägt
das Datum vom 12. Mai 1992, ist 783 Seiten lang, ein Stapel
von zehn Zentimeter Höhe und ohne Zweifel eine beachtliche
Leistung. Aber viel zu schnell entstanden. Jetzt kleckert das
andere allmählich hinterher, und ständig wird neues Material
auftauchen. Der Antrag der Verteidigung lautet auf Aussetzung für einen Monat. So lange brauchen sie mindestens, um
die neuen Akten durchzuarbeiten. Im Grunde ist das Ansin-
nen völlig berechtigt. Aber danach sind wieder neue Akten da.
Und dann?

In der Anklageschrift gibt es zum Beispiel noch nicht ausrei-
chende Informationen über die Arbeitsweise und die Befugnisse des Nationalen Verteidigungsrates, als dessen Mitglieder

die Männer hier angeklagt sind. Darauf stützt sich ein Antrag, den die Verteidiger von Fritz Streletz schon am ersten Tag gestellt haben. Sie beantragen Haftverschonung. Streletz sei nun schon seit eineinhalb Jahren in Untersuchungshaft, »tief betroffen vom Leid der Opfer«, aber nur Sekretär des Verteidigungsrates gewesen, und werde in seinen Kompetenzen völlig überschätzt. Also müsse er endlich entlassen werden.

Zu Beginn der Sitzung verkündet Richter Bräutigam den Beschluß, Erich Honecker solle nächste Woche noch einmal ärztlich untersucht werden. Die erste Reaktion auf den Antrag, den Nicolas Becker letzte Woche gestellt hatte, nämlich das Verfahren einzustellen und den Haftbefehl aufzuheben. Mit der Untersuchung wird ein Rechtsmediziner der Freien Universität beauftragt, Professor Volkmar Schneider. Er könne die anderen bisherigen Gutachter hinzuziehen, zum Beispiel auch Professor Kirstaedter, der von der Verteidigung, und Professor Taenzer, der von der Nebenklage als Gutachter wegen Befangenheit abgelehnt worden war. Eine ganz vernünftige Entscheidung.

Zum Schluß kommt der Anwalt von Hans Albrecht an die Reihe, dessen Mandant sich morgens um eine halbe Stunde verspätet hatte. Der Anwalt heißt Jürgen Fleck. Er ist es, der nun zum ersten Mal in diesem Saal den Nürnberger Prozeß erwähnt. Weder die 27. Kammer noch irgendeine andere des Landgerichts sei zuständig, denn die Angeklagten hätten als Mitglieder der Regierung eines anderen Staates gehandelt. Allenfalls ein internationaler Gerichtshof käme in Frage. Den gebe es aber nicht. Und hier erwähnt er Nürnberg.

Unsere Gerichte werden darauf erwidern, nach der Vereinigung könne man nicht mehr unterscheiden zwischen dem einen und dem anderen Staat, und irgend jemand müsse das Unrecht ja verfolgen. Aber mit Nürnberg hat Rechtsanwalt Fleck dem Prozeß eine Bedeutung gegeben, die er tatsächlich hat. Wie der um den Reichstagsbrand oder gegen die Männer vom 20. Juli, vielleicht noch der Auschwitzprozeß in Frankfurt 1965.

Zuschauer und Journalisten scheinen das auch zu glauben.

Denn jedesmal, wenn das Gericht sich zur Beratung zurückzieht, steigen sie auf die Bänke, um Erich Honecker besser sehen zu können. In seinem dunkelblauen Anzug, mit weißem Hemd und rotem Schlips, bewegt er sich ruhig und aufrecht. Man darf eben keine Schwäche zeigen, schon gar nicht vor dem Klassenfeind.

Montag, 30. November 1992

Am Morgen war man noch mit den üblichen Formalitäten beschäftigt, aber plötzlich, zwanzig Minuten vor zwölf, hatte der Vorsitzende Richter es geschafft. Geduldig und ruhig hatte er sich in diesen bisher fünf Sitzungstagen vorgearbeitet, in der vorletzten Sitzung sogar schon kurz die Personalien festgestellt, Name, Geburtstag, an sich überflüssig, weil »alles schon in den Zeitungen stand«, und seit wann in Haft. Jetzt, Montag, den 30. November, zwanzig vor zwölf, konnte die Staatsanwaltschaft tatsächlich mit der Verlesung der Anklageschrift beginnen. Nun ging es auch um die Opfer, dreizehn Tote, in zwölf Fällen, stellvertretend für drei- bis vierhundert.

Erich Honecker sitzt an seinem Tisch und hört aufmerksam zu. Ab und zu ein Blick in das Gesicht des Mannes, der die Anklage vorträgt, Oberstaatsanwalt Schaefgen. Neben dem sitzen noch drei seiner Kollegen aus der Abteilung »Regierungskriminalität«. Vorgetragen wird eine Kurzfassung, denn die ganzen 783 Seiten wären zu lang. Im Raum ist es sehr ruhig. Der Oberstaatsanwalt braucht zwanzig Minuten. »Sodann wird der Angeklagte darauf hingewiesen, daß es ihm freistehe, sich zur Sache zu äußern«, heißt es in der Strafprozeßordnung. Aber es geht auf zwölf, und die Verteidigung Honeckers sagt, heute noch nicht. Ende der Sitzung.

Donnerstag, 3. Dezember 1992

Der Andrang von Presse und Publikum ist sehr groß. Man weiß, Honecker wird seine Erklärung vortragen, an der er – mit seinen Anwälten – sehr lange gearbeitet hat. Es ist der sechste Verhandlungstag. Der Vorsitzende Richter verkündet zuerst einige Beschlüsse zu den Anträgen von Verteidigern und

Nebenklägervertretern. Sie werden alle abgelehnt. Und um Viertel vor zehn ist es soweit. Erich Honecker hat einen kleinen Stapel Papier vor sich und beginnt: »Meine Damen und Herren.« Schon das zeigt eine gewisse Souveränität, denn oft hört man noch »Hohes Gericht« oder »Meine Herren Richter«. Es folgt die wahrscheinlich beste Rede seines Lebens, vorgetragen mit fester Stimme, oft mit dem Blick in die Augen seiner Feinde von der Staatsanwaltschaft, und mit jener bekannten Mischung aus saarländischem und sächsischem Dialekt, also mit »Kapdalismus«, »Beärrdäh« und Deudsche Demokrahdsche Replik«. Seine Verteidigung sei im Grunde überflüssig, »weil ich Ihr Urteil nicht mehr erleben werde«. Aber er wolle Zeugnis ablegen für den Sozialismus. Nach einer halben Stunde wird eine Pause gemacht. Um elf Uhr geht es weiter, und kurz nach halb zwölf ist er fertig. »Ich bin am Ende meiner Erklärung. Tun Sie, was Sie nicht lassen können.« Der Vorsitzende Richter schließt die Sitzung mit der Bemerkung, das müsse man erst mal alles verarbeiten.

Am Abend im Fernsehen und am nächsten Tag in den Zeitungen heißt es, Honecker sei uneinsichtig gewesen. War er. Aber ist das nicht ein Vorwurf, der voraussetzt, er hätte die Meinung derjenigen übernehmen sollen, die ihm diesen Vorwurf machen? Anders ausgedrückt: Er hätte die Anklage für berechtigt halten sollen? Aber so einfach ist es auch mit dieser Anklage nicht. Er zitiert ihren Anfang: »Am 12. August 1961 ordnete der Angeschuldigte Honecker als Sekretär des Nationalen Verteidigungsrates und Sekretär für Sicherheitsfragen beim Zentralkomitee der SED an, die Grenzanlagen um Berlin (West) und die Sperranlagen zur Bundesrepublik Deutschland auszubauen, um ein Passieren unmöglich zu machen.« Und dann amüsiert er sich. So, sagt er. Da habe ich tatsächlich ein welthistorisches Ereignis angeordnet? Ich, der kleine E.H. in der kleinen DDR? Ich habe tatsächlich Weltgeschichte gemacht? Toll. Oder waren es vielleicht doch zwei große Militärblöcke, die sich so feindlich gegenüberstanden, daß der eine schließlich am 5. August 1961, also eine Woche vorher, diese Entscheidung getroffen hat, nämlich der Warschauer Pakt in

Moskau? Und Gründe gab es auch keine dafür? Jedenfalls nicht in der Anklageschrift. Erich Honecker hat am 12. August 1961 den Bau der Mauer angeordnet. Basta. »So einfach vermag der bundesdeutsche Jurist die Geschichte zu sehen und darzustellen.«

Bald verlassen zwei Vertreter der Nebenkläger empört den Saal. Auch so ein Problem dieses Prozesses. Die vielen Opfer, die da an der Grenze ihr Leben gelassen haben, sie sind nicht gut vertreten. Der eine der drei Anwälte, Plöger, spricht ungehobelt und poltert gern, der andere ist immer nur empört. Die beiden verlassen den Saal, weil Honecker das Loblied seines Sozialismus singt, den Kapitalismus als zerstörerisch beschreibt und nicht bereit ist, die vielen Fehler zuzugeben, die er selbst gemacht hat in der politischen Organisation der Werktätigen in Stadt und Land unter Führung der Arbeiterklasse und ihrer marxistisch-leninistischen Partei. »Die deutschen Kapitalisten hatten eben immer schon einen Hang zum Totalen«, sagt der Hauptangeklagte irgendwann. Schon wahr. Aber auch die deutschen Sozialisten in der DDR.

Honeckers Hauptargument ist, der Bau der Mauer war eine politische Entscheidung. Und politische Entscheidungen sind oft mit dem Verlust von Menschenleben verbunden. Er nennt den Krieg der Amerikaner in Vietnam, die Entscheidung Margret Thatchers für den Krieg um die Falkland Inseln 1982, die Invasion Grenadas durch Präsident Reagan 1983, die Entführung Noriegas durch Präsident Bush 1989, die Tausenden von Menschen in Panama das Leben gekostet hat. Bei Vietnam haben seine Anwälte übrigens nicht richtig aufgepaßt. Der Krieg sei 1964 von Präsident Kennedy angeordnet worden. Da war der aber schon ein Jahr tot.

Dann nennt er die »Toten der Marktwirtschaft«. Bundesregierung und Bundestag seien dafür verantwortlich, daß jährlich Hunderte nur deshalb auf unseren Autobahnen sterben, weil es dort keine Geschwindigkeitsbegrenzung gibt. Womit er ja recht hat. Und er meint dazu: »Wenn die Abteilung Regierungskriminalität des Generalstaatsanwalts beim Kammergericht ihre Aufmerksamkeit einmal hierauf richten würde, hätte ich bald die Möglichkeit, den Repräsentanten der Bundesrepublik wieder wie früher die Hand zu schütteln. Diesmal allerdings in Moabit.«

Der Bau der Mauer dagegen sei gerechtfertigt gewesen. »Man muß nur wissen, was 1956 in Ungarn und 1968 in der CSSR geschehen ist. Genauso wie dort hätten auch 1961 in der DDR die ohnehin anwesenden sowjetischen Truppen interveniert«, wenn die Grenze offen geblieben wäre, Hunderttausende das Land verlassen hätten und damit der Sozialismus gefährdet worden wäre. Das hätte den Krieg bedeutet und noch mehr Menschenleben gekostet. Über die Opfer an der Mauer sagt er auch etwas. Aber es sind nur zwei oder drei Sätze. Und ich finde, das ist zu wenig.

Trotzdem. Es war eine gute Rede. Ein Rahmen für die Verteidigung gegen die juristischen Vorwürfe, wenn der Prozeß gegen ihn fortgesetzt werden sollte. Was sehr zweifelhaft ist. Insgesamt fünfzig Minuten hat er gesprochen, von Viertel vor zehn bis kurz nach halb zwölf. Dazwischen eine Pause von vierzig Minuten. Wie gut die Rede war, zeigt die Reaktion der *Frankfurter Allgemeinen Zeitung* am Sonnabend, die sehr ernsthaft und ausführlich das Problem behandelt, ob Honecker die Rede selbst geschrieben hat. Die *FAZ* kommt übrigens zu dem Ergebnis, es müsse jemand anders gewesen sein. Hier ist sie, im ganzen Wortlaut:

7. Die Rede

Meine Damen und Herren, ich werde dieser Anklage und diesem Gerichtsverfahren nicht dadurch den Anschein des Rechts verleihen, daß ich mich gegen den offensichtlich unbegründeten Vorwurf des Totschlags verteidige. Verteidigung erübrigt sich auch, weil ich Ihr Urteil nicht mehr erleben werde. Die Strafe, die Sie mir offensichtlich zudenken, wird mich nicht mehr erreichen. Das weiß heute jeder. Ein Prozeß gegen mich ist schon aus diesem Grunde eine Farce. Er ist ein politisches Schauspiel.

Niemand in den alten Bundesländern, einschließlich der Frontstadt Westberlin, hat das Recht, meine Genossen Mitangeklagten, mich oder irgendeinen anderen Bürger der DDR wegen Handlungen anzuklagen oder gar zu verurteilen, die in Erfüllung staatlicher Aufgaben der DDR begangen worden sind.

Wenn ich hier spreche, so spreche ich allein um Zeugnis abzulegen für die Ideen des Sozialismus, für eine gerechte politische und moralische Beurteilung der von mehr als einhundert Staaten völkerrechtlich anerkannten Deutschen Demokratischen Republik. Diese jetzt von der BRD als »Unrechtsstaat« apostrophierte Republik war ein Mitglied des Weltsicherheitsrates, stellte zeitweise den Vorsitzenden dieses Rates und stellte auch einmal den Vorsitzenden der UN-Vollversammlung.

Die gerechte politische und moralische Beurteilung der DDR erwarte ich nicht von diesem Prozeß und diesem Gericht. Ich nehme jedoch die Gelegenheit dieses Politschauspiels wahr, um meinen Standpunkt meinen Mitbürgern zur Kenntnis zu geben.

Meine Situation in diesem Prozeß ist nicht ungewöhnlich. Der deutsche Rechtsstaat hat schon Karl Marx, August Bebel, Karl Liebknecht und viele andere Sozialisten und Kommunisten angeklagt und verurteilt. Das Dritte Reich hat dies mit den aus dem Rechtsstaat der Weimarer Republik übernommenen Richtern in vielen Prozessen fortgesetzt, von denen ich selbst einen als Angeklagter erlebt habe. Nach der Zerschlagung des deutschen Faschismus und des Hitlerstaates brauchte die BRD nicht nach neuen Staatsanwälten und Richtern zu suchen, um erneut Kommunisten massenhaft strafrechtlich zu verfolgen, ihnen mit Hilfe der Arbeitsgerichte Arbeit und Brot zu nehmen und sie mit Hilfe der Verwaltungsgerichte aus dem Öffentlichen Dienst zu entfernen oder sie auf andere Weise zu verfolgen. Nun geschieht uns das, was unseren Genossen in Westdeutschland schon in den 50er Jahren geschah. Es ist seit ca. 190 Jahren immer die gleiche Willkür. Der Rechtsstaat BRD ist kein Staat des Rechts, sondern ein Staat der Rechten.

Für diesen Prozeß wie für andere Prozesse, in denen andere DDR-Bürger wegen ihrer »Systemnähe« vor Straf-, Arbeits-, Sozial- und Verwaltungsgerichten verfolgt werden, muß ein Argument herhalten. Die Politiker und Juristen sagen, wir müssen die Kommunisten verurteilen, weil wir die Nazis nicht verurteilt haben. Wir müssen diesmal die Vergangenheit aufarbeiten. Das leuchtet vielen ein, ist aber ein Scheinargument. Die Wahrheit ist, daß die westdeutsche Justiz die Nazis nicht bestrafen konnte, weil sich Richter und Staatsanwälte nicht selbst bestrafen konnten. Die Wahrheit ist, daß die bundesdeutsche Justiz ihr derzeitiges Niveau, wie immer man es beurteilt, den übernommenen Nazis verdankt. Die Wahrheit ist, daß die Kommunisten, die DDR-Bürger heute aus den gleichen Gründen verfolgt werden, aus denen sie in Deutschland schon immer verfolgt wurden. Nur in den 40 Jahren der Existenz der DDR war das umgekehrt. Dieses Versäumnis muß nun »aufgearbeitet« werden. Das alles ist natürlich rechtsstaatlich. Mit Politik hat es nicht das geringste zu tun.

Die führenden Juristen dieses Landes, gleich ob Angehörige

der Regierungsparteien oder der SPD, erklären beschwörend, unser Prozeß sei ein ganz normales Strafverfahren und kein politischer Prozeß, kein Schauprozeß. Man sperrt die Mitglieder eines der höchsten Staatsorgane des Nachbarstaates ein und sagt, das hat mit Politik nichts zu tun. Man wirft den Generälen eines gegnerischen Militärbündnisses militärische Entscheidungen vor und sagt, das hat mit Politik nichts zu tun. Man nennt die heute Verbrecher, die man gestern ehrenvoll als Staatsgäste und Partner in dem gemeinsamen Bemühen, daß nie wieder von deutschem Boden ein Krieg ausgeht, begrüßt hat. Auch das soll mit Politik nichts zu tun haben.

Man klagt Kommunisten an, die, seit sie auf der politischen Bühne erschienen sind, immer verfolgt wurden, aber heute in der BRD hat das mit Politik nichts zu tun.

Für mich und, wie ich glaube, für jeden Unvoreingenommenen liegt auf der Hand: Dieser Prozeß ist so politisch, wie ein Prozeß gegen die politische und militärische Führung der DDR nur sein kann. Wer das leugnet, der irrt nicht, sondern der lügt. Er lügt, um das Volk ein weiteres Mal zu betrügen. Mit diesem Prozeß wird das getan, was man uns vorwirft. Man entledigt sich der politischen Gegner mit den Mitteln des Strafrechts, aber natürlich ganz rechtsstaatlich.

Auch andere Umstände lassen unübersehbar erkennen, daß mit dem Prozeß politische Ziele verfolgt werden. Warum war der Bundeskanzler, war Herr Kinkel, der frühere Geheimdienstchef, spätere Justizminister und noch spätere Außenminister der BRD, so darauf aus, mich, koste es, was es wolle, nach Deutschland zurückzuholen und wieder nach Moabit zu bringen, wo ich unter Hitler schon einmal war? Warum ließ mich der Bundeskanzler erst nach Moskau fliegen, um dann Moskau und Chile unter Druck zu setzen, mich entgegen jedem Völkerrecht auszuliefern? Warum mußten russische Ärzte die richtige Diagnose, die sie auf Anhieb gestellt hatten, verfälschen? Warum führt man mich und meine Genossen, denen es gesundheitlich nicht viel besser geht als mir, dem Volke vor, wie einst die römischen Cäsaren ihre gefangenen Gegner vorführten?

Ich weiß nicht, ob das alles noch rational zu erklären ist. Vielleicht bewahrheitet sich hier das alte Wort: Wen Gott vernichten will, den schlägt er zuvor mit Blindheit. Es ist doch wohl jedem klar, daß alle diejenigen Politiker, die sich einst um eine Audienz bei mir bemühten und die sich freuten, mich bei sich begrüßen zu dürfen, von diesem Prozeß nicht unbeschadet bleiben. Daß an der Mauer Menschen erschossen wurden, daß ich der Vorsitzende des Nationalen Verteidigungsrates, der Generalsekretär, der Vorsitzende des Staatsrates der DDR war, der für diese Mauer als höchster lebender Politiker die größte Verantwortung trug, wußte jedes Kind in Deutschland und darüber hinaus. Es gibt demnach nur zwei Möglichkeiten: Entweder haben die Herren Politiker der BRD bewußt, freiwillig und sogar begierig Umgang mit einem Totschläger gesucht, oder sie lassen jetzt bewußt und genußvoll zu, daß Unschuldige des Totschlags bezichtigt werden. Keine dieser beiden Möglichkeiten wird ihnen zur Ehre gereichen. Eine dritte Möglichkeit gibt es nicht. Wer dieses Dilemma in Kauf nimmt, so oder so ein Mensch ohne Charakter zu sein, ist entweder blind oder verfolgt ein Ziel, das ihm mehr gilt als die Bewahrung seiner Ehre.

Nehmen wir an, daß weder Herr Kohl noch Herr Kinkel, noch all die anderen Herren Ministerpräsidenten und Parteiführer der Bundesrepublik Deutschland blind sind (was ich dennoch nicht ausschließen kann), dann bleibt als politisches Ziel dieses Prozesses nur die Absicht, die DDR und damit den Sozialismus in Deutschland total zu diskreditieren. Die Niederlage der DDR und des Sozialismus in Deutschland und in Europa allein genügt ihnen offenbar nicht. Es soll alles ausgerottet werden, was diese Epoche, in der Arbeiter und Bauern regierten, in einem anderen als furchtbaren, verbrecherischen Licht erscheinen läßt. Total sollen der Sieg der Marktwirtschaft (wie man den Kapitalismus heute euphemistisch nennt) und die Niederlage des Sozialismus sein. Man will, wie es Hitler einst vor Stalingrad sagte, »daß dieser Feind sich nie mehr erheben wird«. Die deutschen Kapitalisten hatten eben immer schon einen Hang zum Totalen.

Dieses Ziel des Prozesses, den totgesagten Sozialismus noch einmal zu töten, offenbart, wie Herr Kohl, wie Regierung und Opposition der BRD die Lage einschätzen. Der Kapitalismus hat sich ökonomisch genauso totgesiegt, wie sich Hitler einst militärisch totgesiegt hat. Der Kapitalismus ist weltweit in eine ausweglose Lage geraten. Er hat nur noch die Wahl zwischen dem Untergang in einem ökologischen und sozialen Chaos und der Aufgabe des Privateigentums an Produktionsmitteln, d.h. dem Sozialismus. Beides bedeutet sein Ende. Nur der Sozialismus erscheint den Herrschenden der Bundesrepublik Deutschland offenbar als die akutere Gefahr. Dem soll dieser Prozeß genauso vorbeugen wie der ganze Feldzug gegen das Andenken an die untergegangene DDR, wie deren Stigmatisierung als »Unrechtsstaat«.

Der unnatürliche Tod jedes Menschen in unserem Land hat uns immer bedrückt. Der Tod an der Mauer hat uns nicht nur menschlich betroffen, sondern auch politisch geschädigt. Vor allen anderen trage ich seit Mai 1971 die Hauptlast der politischen Verantwortung dafür, daß auf denjenigen, der die Grenze zwischen der DDR und der BRD, zwischen Warschauer Vertrag und NATO, ohne Genehmigung überschreiten wollte, unter den Bedingungen der Schußwaffengebrauchsbestimmung geschossen wurde. Das ist sicher eine schwere Verantwortung. Ich werde später noch darlegen, warum ich sie auf mich genommen habe. Hier, bei der Bestimmung des politischen Ziels dieses Prozesses, komme ich jedoch nicht umhin, auch festzustellen, mit welchen Mitteln das Prozeßziel Verunglimpfung der DDR erreicht werden soll. Dieses Mittel sind die Toten an der Mauer. Sie sollen und werden diesen Prozeß wie schon vorangegangene Prozesse medienwirksam gestalten. Es fehlen dabei die ermordeten Grenzsoldaten der DDR. Wir und vor allem Sie haben bereits erlebt, wie ohne Rücksicht auf Pietät und Anstand die Bilder der Toten vermarktet wurden. Damit soll Politik gemacht und Stimmung erzeugt werden. Jeder Tote wird so gebraucht, richtiger mißbraucht, im Kampf der Unternehmer um den Erhalt ihres kapitalistischen Eigentums. Denn um nichts anderes geht es bei dem Kampf gegen den Sozialismus. Die Toten sollen die Unmenschlichkeit der DDR und des Sozialismus beweisen und von der Misere der Gegenwart und den Opfern der sozialen Marktwirtschaft ablenken. Das alles geschieht demokratisch, rechtsstaatlich, christlich-human und zum Wohle des deutschen Volkes. Armes Deutschland.

Nun zur Sache selbst. Die Staatsanwälte der Frontstadt klagen uns als gemeine Kriminelle, als Totschläger an. Da wir nun offensichtlich keinen der 68 Menschen, deren Tod uns in der Anklage vorgeworfen wird, persönlich totgeschlagen haben, da wir auch deren Tötung ebenso offensichtlich nicht vorher befohlen oder sonst veranlaßt haben, wirft mir die Anklage auf Seite 3 wörtlich vor:

»... als Sekretär des NVR und Sekretär für Sicherheitsfragen beim Zentralkomitee der SED (angeordnet zu haben), die Grenzanlagen um Berlin (West) und die Sperranlagen zur Bundesrepublik Deutschland auszubauen, um ein Passieren unmöglich zu machen.«

Ferner wirft mir die Anklage vor, in 17 Sitzungen der NVR vom 29.11.1961 bis 1.7.1983 an Beschlüssen teilgenommen zu haben,

- weitere Drahtminensperren zu errichten (wobei das Wort »weitere« erkennen läßt, daß die Streitkräfte der UdSSR vorher schon solche Sperren errichtet hatten),
- das Grenzsicherungssystem zu verbessern, die Schießausbildung der Grenzsoldaten zu verbessern,
- Grenzdurchbrüche nicht zuzulassen,
- am 3.5.1974 persönlich erklärt zu haben, von der Schußwaffe muß rücksichtslos Gebrauch gemacht werden, was im übrigen nicht zutrifft,
- und dem Entwurf des am 1. Mai 1982 in Kraft getretenen Grenzgesetzes zugestimmt zu haben.

Die Vorwürfe gegen mich bzw. gegen uns richten sich gegen Beschlüsse des NVR, gegen Beschlüsse eines verfassungsmäßigen Organs der DDR. Gegenstand des Verfahrens ist somit die Politik der DDR, das Bemühen des NVR, die DDR als Staat zu verteidigen und zu erhalten. Diese Politik soll durch dieses Verfahren kriminalisiert werden. Damit soll die DDR als »Unrechtsstaat« gebrandmarkt und alle, die ihr dienten, zu Verbrechern gestempelt werden. Die Verfolgung von Zehntausenden und unter Umständen Hunderttausenden DDR-Bürgern, von denen die Staatsanwaltschaft jetzt schon spricht, ist das Ziel dieses Verfahrens, das durch »Pilotverfahren« gegen Grenzsoldaten vorbereitet sowie von unzähligen, die DDR-Bürger diskriminierenden anderen Gerichtsverfahren vor Zivil-, Sozial-, Arbeits- und Verwaltungsgerichten und von zahlreichen Verwaltungsakten begleitet wird. Es geht also nicht um mich oder um uns, die wir in diesem Prozeß angeklagt sind. Es geht um die Zukunft Deutschlands, Europas, ja der Welt, die mit der Beendigung des Kalten Krieges, mit dem neuen Denken so glücklich zu beginnen schien. Hier wird nicht nur der Kalte Krieg fortgesetzt, hier soll ein Grundstein für ein Europa der Reichen gelegt werden. Die Idee der sozialen Gerechtigkeit soll wieder einmal endgültig erstickt werden. Unsere Brandmarkung als Totschläger soll dazu ein Mittel sein.

Ich bin der letzte, der gegen sittliche und rechtliche Maßstäbe zur Be- oder auch Verurteilung von Politikern ist. Nur müssen drei Voraussetzungen erfüllt sein: Die Maßstäbe müssen exakt vorher formuliert sein. Sie müssen für alle Politiker gleichermaßen gelten. Ein überparteiliches Gericht, also ein Gericht, das weder mit Freunden noch Feinden der Angeklagten besetzt ist, muß entscheiden.

Mir scheint, daß alles dies einerseits selbstverständlich, andererseits aber in der heutigen Welt noch nicht machbar ist. Wenn Sie heute dennoch über uns zu Gericht sitzen, so tun Sie das als Gericht der Sieger über uns Besiegte. Dies ist ein Ausdruck der realen Machtverhältnisse, aber nicht ein Akt, der irgendeinen Anspruch auf Geltung vor überpositivem Recht (übergesetzliches Recht, die Radbruchsche Formel; U.W.) oder überhaupt Recht für sich beanspruchen kann.

Das allein könnte schon genügen, um darzulegen, daß die Anklage ein Unrechtsakt ist. Doch da wir die Auseinandersetzung auch im Detail nicht scheuen, will ich im einzelnen darlegen, was die Anklage, sei es aus böser Absicht, sei es aus Verblendung, nicht darlegt.

Wie bereits zitiert, beginnt die Anklage die chronologische Aufzählung der Vorwürfe gegen uns mit den Worten:

»Am 12. August 1961 ordnete der Angeschuldigte Honecker als Sekretär des NVR und Sekretär für Sicherheitsfragen beim Zentralkomitee der SED an, die Grenzanlagen um Berlin (West) und die Sperranlagen zur Bundesrepublik Deutschland auszubauen, um ein Passieren unmöglich zu machen.«

Diese historische Sicht der Dinge spricht für sich. Der Sekretär für Sicherheitsfragen des ZK der SED ordnete 1961 ein welthistorisches Ereignis an. Das übertrifft noch die Selbstironie der DDR-Bürger, die die DDR als die größte DDR der Welt bezeichneten. Wenn auch heute Enno von Löwenstern die DDR zu einem »großen Land« machen will, um den Sieg der BRD entsprechend gewichtiger darstellen zu können, so versucht doch nicht einmal dieser Rechtsaußen des politischen deutschen Journalismus, die DDR zur Weltmacht hochzustilisieren. Das bleibt der »objektivsten Behörde der Welt«, der Staatsanwaltschaft, vorbehalten. Jeder macht sich vor der Geschichte so lächerlich, wie er will und kann.

Wahr ist, daß der Bau der Mauer auf einer Sitzung der Staaten des Warschauer Vertrages am 5.8.1961 in Moskau beschlossen wurde. In diesem Bündnis sozialistischer Staaten war die DDR ein wichtiges Glied, aber nicht die Führungsmacht. Dies dürfte gerichtsbekannt sein und braucht wohl nicht bewiesen zu werden.

Da wir – wie ich schon sagte – offensichtlich niemand persönlich totgeschlagen noch den Totschlag eines Menschen unmittelbar befohlen haben, wird der Bau der Mauer, ihre Aufrechterhaltung und die Durchsetzung des Verbots, die DDR ohne staatliche Genehmigung zu verlassen, als Tötungshandlung angesehen. Mit Politik soll das alles nichts zu tun haben. Die deutsche Jurisprudenz macht das möglich. Nur vor der Geschichte und dem gesunden Menschenverstand wird sie damit nicht bestehen. Sie wird nur ein weiteres Mal demonstrieren, woher sie kommt, wes Geistes Kind sie ist und wohin Deutschland zu gehen im Begriffe steht.

Wir alle, die wir in den Staaten des Warschauer Vertrages damals Verantwortung trugen, trafen diese politische Entscheidung gemeinsam. Ich sage das nicht, um mich zu entlasten und die Verantwortung auf andere abzuwälzen; ich sage es nur, weil es so und nicht anders war, und ich stehe dazu, daß diese Entscheidung damals, 1961, richtig war und richtig blieb, bis die Konfrontation zwischen den USA und der UdSSR beendet war. Eben diese politische Entscheidung und die Überzeugungen, die ihr zugrunde liegen, sind der Gegenstand dieses Prozesses. Man muß schon blind sein oder bewußt vor den Geschehnissen der Vergangenheit die Augen verschließen, um diesen Prozeß nicht als politischen Prozeß der Sieger über die Besiegten zu erkennen, um nicht zu erkennen, daß er eine politisch motivierte Entstellung der Geschichte bedeutet.

Wenn Sie diese politische Entscheidung für falsch halten und mir und meinen Genossen die Toten an der Mauer zum strafrechtlichen Vorwurf machen, dann sage ich Ihnen, die Entscheidung, die Sie für richtig halten, hätte Tausende oder Millionen Tote zur Folge gehabt. Das war und das ist meine Überzeugung und, wie ich annehme, auch die Überzeugung meiner Genossen. Wegen dieser politischen Überzeugung stehen wir hier vor Ihnen. Und wegen Ihrer andersartigen politischen Überzeugung werden Sie uns verurteilen.

Wie und warum es zum Bau der Mauer gekommen ist, interessiert die Staatsanwaltschaft nicht. Kein Wort steht darüber in der Anklage. Die Ursachen und Bedingungen werden unterschlagen, die Kette der historischen Ereignisse wird willkürlich zerrissen. Erich Honecker hat die Mauer gebaut und aufrechterhalten. Basta. So einfach vermag der bundesdeutsche Jurist die Geschichte zu sehen und darzustellen. Hauptsache, der Kommunist wird zum Kriminellen gestempelt und als solcher verurteilt. Dabei kann doch jeder Deutsche wissen, wie es zur Mauer kam und warum dort geschossen wurde. Da die Anklage so tut, als sei es dem Sozialismus eigen, Mauern zu bauen und daran Menschen erschießen zu lassen, und als trügen solche »verbrecherischen« Einzelpersonen wie ich und meine Genossen dafür die Verantwortung, muß ich, ohne Historiker zu sein, die Geschichte, die zur Mauer führte, rekapitulieren.

Der Ursprung liegt weit zurück. Er beginnt mit der Entstehung des Kapitalismus und des Proletariats. Der unmittelbare Beginn des Elends der deutschen Geschichte der Neuzeit ist das Jahr 1933. 1933 haben bekanntlich sehr viele Deutsche in freien Wahlen die NSDAP gewählt, und der Reichspräsident Hindenburg, der schon 1932 ebenfalls frei gewählt worden war, hat Adolf Hitler dann ganz demokratisch zum Reichskanzler berufen. Anschließend haben die politischen Vorläufer unserer etablierten Parteien mit Ausnahme der SPD dem Ermächtigungsgesetz zugestimmt, das Hitler diktatorische Vollmachten verlieh. Nur die Kommunisten hatten vor den genannten Wahlen gesagt: »Wer Hindenburg wählt, wählt Hitler, wer Hitler wählt, wählt den Krieg.« Bei der Abstimmung zum Ermächtigungsgesetz waren die kommunistischen Abgeordneten bereits aus dem Reichstag entfernt. Viele Kommunisten waren inhaftiert oder lebten illegal. Schon damals begann mit dem Verbot der Kommunisten der Untergang der Demokratie in Deutschland.

Kaum war Hitler Reichskanzler, erlebte Deutschland sein erstes Wirtschaftswunder. Die Arbeitslosigkeit wurde überwunden, die Anrechtsscheine auf Volkswagen wurden verkauft, die kochende Volksseele führte zur Vertreibung und Ermordung der Juden. Das deutsche Volk war in seiner Mehrheit glücklich und zufrieden.

Als der Zweite Weltkrieg ausgebrochen war und die Fanfaren die Siege in den Blitzkriegen gegen Polen, Norwegen, Dänemark, Belgien, Holland, Luxemburg, Frankreich, Jugoslawien und Griechenland vermeldeten, kannte die Begeisterung keine Grenzen. Die Herzen fast aller Deutschen schlugen für ihren Kanzler, für den größten Führer aller Zeiten. Kaum einer dachte daran, daß das Tausendjährige Reich nur zwölf Jahre bestehen würde.

Nachdem 1945 alles in Scherben lag, gehörte nicht die ganze

Welt Deutschland (wie es in einem bekannten Nazilied vorausgesungen wurde), sondern Deutschland gehörte den Alliierten. Deutschland war in vier Zonen geteilt. Freizügigkeit gab es nicht. Dieses Menschenrecht galt damals bei den Alliierten noch nicht. Es galt nicht einmal für die deutschen Emigranten, die wie Gerhart Eisler aus den USA nach Deutschland zurückkehren wollten.

In den USA gab es damals Pläne (z.B. den Morgenthauplan), Deutschland für dauernd in mehrere Staaten aufzuteilen. Diese Pläne gaben Stalin Veranlassung zu seinem oft zitierten Satz: »Die Hitler kommen und gehen, das deutsche Volk und der deutsche Staat bleiben.« Die damals von der UdSSR angestrebte Erhaltung der Einheit Deutschlands kam jedoch nicht zustande. Deutschland wurde im Ergebnis des 1947 von den USA ausgerufenen Kalten Krieges auf dem Weg über die Bildung der Bizone, der Trizone, die separate Währungsreform und schließlich die Bildung der Bundesrepublik im Mai 1949 für lange Zeit zweigeteilt. Diese Teilung war, wie die zeitliche Abfolge beweist, nicht das Werk der Kommunisten, sondern das Werk der westlichen Alliierten und Konrad Adenauers. Die Bildung der DDR war eine zeitliche und logische Folge der Bildung der BRD. Nunmehr existierten zwei deutsche Staaten nebeneinander. Die BRD war jedoch nicht gewillt, die DDR anzuerkennen und mit ihr friedlich zu leben. Sie erhob vielmehr für ganz Deutschland und alle Deutschen den Alleinvertretungsanpruch. Sie verhängte mit Hilfe ihrer Verbündeten über die DDR ein Wirtschaftsembargo und versuchte so, die DDR wirtschaftlich und politisch zu isolieren. Es war eine Politik der nichtkriegerischen Aggression, die die BRD gegen die DDR führte. Es war dies die Form des Kalten Krieges auf deutschem Boden.

Es war diese Politik, die zur Mauer führte.

Nachdem die BRD der NATO beigetreten war, schloß sich die DDR dem Warschauer Vertrag an. Damit standen sich beide deutschen Staaten als Mitglieder feindlicher Militärbündnisse feindlich gegenüber.

Die BRD war der DDR nach der Zahl ihrer Bevölkerung,

nach ihrer Wirtschaftskraft und nach ihren politischen und ökonomischen Verbindungen in vielfacher Hinsicht überlegen. Die BRD hatte durch den Marshallplan und durch geringere Reparationsleistungen weniger an den Kriegsfolgen zu tragen. Sie hatte mehr Naturreichtümer und ein größeres Territorium. Sie nutzte diese vielfache Überlegenheit gegenüber der DDR in jeder Hinsicht, besonders aber dadurch aus, daß sie DDR-Bürgern materielle Vorteile versprach, wenn sie ihr Land verließen. Viele DDR-Bürger erlagen dieser Versuchung und taten das, was die Politiker der BRD von ihnen erwarteten: Sie »stimmten mit den Füßen ab«. Der wirtschaftliche Erfolg verlockte die Deutschen nach 1945 nicht weniger, als er sie nach 1933 verlockt hatte.

Die DDR und die mit ihr verbündeten Staaten des Warschauer Vertrages gerieten in eine schwierige Situation. Die Politik des Roll back schien in Deutschland zum Erfolg zu führen. Die NATO schickte sich an, ihren Einflußbereich bis an die Oder zu erweitern.

Durch diese Politik entstand 1961 eine Spannungssituation in Deutschland, die den Weltfrieden gefährdete. Die Menschheit stand am Rande eines Atomkrieges. In dieser Situation also beschlossen die Staaten des Warschauer Vertrages den Bau der Mauer. Niemand faßte diesen Entschluß leichten Herzens. Er trennte nicht nur Familien, sondern er war auch das Zeichen einer politischen und wirtschaftlichen Schwäche des Warschauer Vertrages gegenüber der NATO, die nur mit militärischen Mitteln ausgeglichen werden konnte.

Bedeutende Politiker außerhalb Deutschlands, aber auch in der BRD, erkannten nach 1961 an, daß der Bau der Mauer die Weltlage entspannt hatte.

Franz Josef Strauß schrieb in seinen Erinnerungen: »Mit dem Bau der Mauer war die Krise, wenn auch in einer für die Deutschen unerfreulichen Weise, nicht nur aufgehoben, sondern eigentlich auch abgeschlossen.« (S. 390) Vorher hat er über den geplanten Atombombenabwurf im Gebiet der DDR berichtet (S. 388).

Aus meiner Sicht hätte es weder den Grundlagenvertrag

noch Helsinki, noch die Einheit Deutschlands gegeben, wenn damals die Mauer nicht gebaut oder wenn sie vor der Beendigung des Kalten Krieges abgerissen worden wäre. Deswegen meine ich, daß ich genauso wie meine Genossen nicht nur keine juristische, sondern auch keine politische und keine moralische Schuld auf mich geladen habe, als ich zur Mauer ja sagte und dabei blieb.

Es ist in der Geschichte Deutschlands sicher nur am Rande zu vermerken, daß jetzt viele Deutsche sowohl aus dem Westen wie aus dem Osten sich die Mauer wieder wünschen.

Fragen muß man aber auch, was geschehen wäre, wenn wir uns so verhalten hätten, wie das die Anklage als selbstverständlich voraussetzt. Das heißt, wenn wir die Mauer nicht gebaut, die Ausreise aus der DDR jedem zugebilligt und damit freiwillig die DDR schon 1961 aufgegeben hätten. Man muß nicht spekulieren, um sich die Ergebnisse einer solchen Politik vorzustellen. Man muß nur wissen, was 1956 in Ungarn und 1968 in der ČSSR geschehen ist. Genauso wie dort hätten auch 1961 in der DDR die ohnehin anwesenden sowjetischen Truppen interveniert. Auch in Polen rief 1981 Jaruzelski das Kriegsrecht aus, um eine solche Intervention zu verhindern.

Eine derartige Zuspitzung der Ereignisse, wie sie von der Anklage als selbstverständliche politische, moralische und juristische Aktion von uns verlangt wird, hätte das Risiko eines dritten Weltkrieges bedeutet. Dieses Risiko wollten, konnten und durften wir nicht eingehen. Wenn das in Ihren Augen ein Verbrechen ist, so werden Sie sich vor der Geschichte mit Ihrem Urteil selbst richten. Das wäre an sich nicht bedeutungsvoll. Bedeutungsvoll ist jedoch, daß Ihr Urteil ein Signal sein wird, das die alten Fronten erneut aufreißt, statt sie zu schließen. Sie demonstrieren damit im Angesicht eines drohenden ökologischen Kollapses der Welt die alte Klassenkampfstrategie der 30er Jahre und die Machtpolitik, die Deutschland seit dem eisernen Kanzler berühmt gemacht hat. Wenn Sie uns wegen unserer politischen Entscheidung von 1961 bis 1989 verurteilen, und ich gehe davon aus, daß Sie das tun werden, so fällen Sie Ihr Urteil nicht nur ohne rechtliche

Grundlage, nicht nur als ein parteiisches Gericht, sondern auch unter völliger Außerachtlassung der politischen Gepflogenheiten und Verhaltensweisen derjenigen Länder, die als Rechtsstaaten Ihren höchsten Respekt genießen. Ich will und kann in diesem Zusammenhang nicht alle Fälle aufzählen, in denen politische Entscheidungen in diesen 28 Jahren Menschenleben gefordert haben, weil ich Ihre Zeit und Ihre Sensibilität nicht überstrapazieren will. Auch kann ich mich nicht mehr an alles erinnern. Nur folgendes will ich erwähnen:

1964 entschied der damalige Präsident der USA, Kennedy, Truppen nach Vietnam zu entsenden, um anstelle der besiegten Franzosen bis 1973 Krieg gegen die um ihre Freiheit, ihre Unabhängigkeit und ihr Selbstbestimmungsrecht kämpfenden Vietnamesen zu führen. Diese Entscheidung des Präsidenten der USA, die eine eklatante Verletzung der Menschenrechte und des Völkerrechts beinhaltete, wurde von der Regierung der BRD in keiner Form kritisiert. Die Präsidenten der USA Kennedy, Johnson und Nixon wurden vor kein Gericht gestellt, auf ihre Ehre fiel, zumindest wegen dieses Krieges, kein Schatten. Dabei hatte kein US-amerikanischer und kein vietnamesischer Soldat die Freiheit, zu entscheiden, ob er sich wegen dieses ungerechten Krieges in Lebensgefahr begeben wollte oder nicht.

1982 setzte England Truppen gegen Argentinien ein, um die Falklandinseln als Kolonie für das Empire zu erhalten. Die »Eiserne Lady« sicherte sich damit einen Wahlsieg, und ihr Ansehen wurde dadurch, auch nachdem sie abgewählt worden ist, nicht beschädigt. Von Totschlag keine Rede.

1983 befahl der Präsident Reagan seinen Truppen die Besetzung von Grenada. Niemand genießt in Deutschland höheres Ansehen als dieser Präsident der USA. Keine Frage, daß die Opfer dieses Unternehmens rechtens zu Tode gekommen sind.

1986 ließ Reagan die Städte Tripolis und Bengasi in einer Strafaktion bombardieren, ohne zu fragen, ob seine Bomben Schuldige oder Unschuldige trafen.

1989 ordnete Präsident Bush an, General Noriega aus Panama mit Waffengewalt zu entführen. Tausende unschuldige

Panamesen wurden dabei getötet. Wiederum fiel auf den Präsidenten der USA kein Makel, geschweige denn, daß er wegen Totschlags oder Mordes angeklagt wurde.

Die Aufzählung ließe sich beliebig erweitern. Von dem Verhalten Englands in Irland überhaupt nur zu sprechen, dürfte als unanständig gelten.

Nach dem, was die Waffen der Bundesrepublik Deutschland unter türkischen Kurden oder der schwarzen Bevölkerung Südafrikas anrichten, werden zwar rhetorische Fragen gestellt, doch niemand zählt die Toten, und niemand nennt die Schuldigen.

Ich habe hier nur die als besonders rechtsstaatlich anerkannten Staaten mit nur einigen ihrer politischen Entscheidungen aufgezählt. Jeder kann vergleichen, wie sich diese Entscheidungen zu der Entscheidung verhalten, an der Grenze des Warschauer Vertrages und der NATO eine Mauer zu errichten.

Sie werden sagen, daß Sie über die Handlungen in anderen Ländern nicht entscheiden können und dürfen. Sie werden sagen, daß Sie das alles nicht interessiert. Doch ich meine, das Urteil der Geschichte über die DDR kann nicht gefällt werden, ohne daß die Ereignisse Berücksichtigung finden, die sich in der Zeit der Existenz der DDR aufgrund der Auseinandersetzung zwischen den beiden Blöcken in anderen Ländern abspielten. Ich meine darüber hinaus auch, daß politische Handlungen nur aus dem Geist ihrer Zeit zu beurteilen sind. Wenn Sie die Augen davor verschließen, was von 1961 bis 1989 in der Welt außerhalb Deutschlands passierte, können Sie kein gerechtes Urteil fällen.

Auch wenn Sie sich auf Deutschland beschränken und die politischen Entscheidungen in beiden deutschen Staaten einander gegenüberstellen, würde eine ehrliche und objektive Bilanz zugunsten der DDR ausfallen. Wer seinem Volk das Recht auf Arbeit und das Recht auf Wohnung verweigert, wie das in der BRD der Fall ist, nimmt in Kauf, daß zahlreichen Menschen ihre Existenz genommen wird und sie keinen anderen Ausweg sehen, als aus dem Leben zu scheiden. Arbeitslo-

sigkeit, Obdachlosigkeit, Drogenmißbrauch, Beschaffungskriminalität, Kriminalität überhaupt sind alle das Ergebnis der
politischen Entscheidung für die soziale Marktwirtschaft.
Selbst anscheinend so politisch neutrale Entscheidungen wie
die Geschwindigkeitsbegrenzung auf Autobahnen sind Folgen
einer Staatsverfassung, in der nicht die frei gewählten Politiker,
sondern die nichtgewählten Wirtschaftsbosse das Sagen haben.
Wenn die Abteilung Regierungskriminalität des Generalstaatsanwalts beim Kammergericht ihre Aufmerksamkeit einmal
hierauf richten würde, hätte ich bald die Möglichkeit, den
Repräsentanten der Bundesrepublik wieder wie früher die
Hand zu schütteln. – Diesmal allerdings in Moabit. Das wird
natürlich nicht geschehen, weil die Toten der Marktwirtschaft
alle rechtens ihr Leben verloren.

Ich bin nicht derjenige, der die Bilanz der Geschichte der
DDR ziehen kann. Die Zeit dafür ist noch nicht gekommen.
Die Bilanz wird später und von anderen gezogen werden.

Ich habe für die DDR gelebt. Ich habe insbesondere seit Mai
1971 einen beträchtlichen Teil der Verantwortung für ihre
Geschichte getragen. Ich bin also befangen und darüber hinaus
durch Alter und Krankheit geschwächt. Dennoch habe ich am
Ende meines Lebens die Gewißheit, die DDR wurde nicht
umsonst gegründet. Sie hat ein Zeichen gesetzt, daß Sozialismus möglich und besser sein kann als Kapitalismus. Sie war
ein Experiment, das gescheitert ist. Doch noch nie hat die
Menschheit wegen eines gescheiterten Experiments die Suche
nach neuen Erkenntnissen und Wegen aufgegeben. Es ist nun
zu prüfen, warum das Experiment scheiterte. Sicher scheiterte
es auch, weil wir, ich meine damit die Verantwortlichen in
allen europäischen sozialistischen Ländern, vermeidbare Fehler begangen haben. Sicher scheiterte es in Deutschland unter
anderem auch deswegen, weil die Bürger der DDR wie andere
Deutsche vor ihnen eine falsche Wahl trafen und weil unsere
Gegner noch übermächtig waren. Die Erfahrungen aus der
Geschichte der DDR werden mit den Erfahrungen aus der
Geschichte der anderen ehemaligen sozialistischen Länder für
Millionen in den noch existierenden sozialistischen Ländern

und für die Welt von morgen insgesamt nützlich sein. Wer seine Arbeit und sein Leben für die DDR eingesetzt hat, hat nicht umsonst gelebt. Immer mehr »Ossis« werden erkennen, daß die Lebensbedingungen in der DDR sie weniger deformiert haben, als die »Wessis« durch die »soziale« Marktwirtschaft deformiert worden sind, daß die Kinder in der DDR in Krippen, in Kindergärten und Schulen sorgloser, glücklicher, gebildeter und freier aufwuchsen als die Kinder in den von Gewalttaten beherrschten Schulen, Straßen und Plätzen der BRD. Kranke werden erkennen, daß sie in dem Gesundheitswesen der DDR trotz technischer Rückstände Patienten und nicht kommerzielle Objekte für das Marketing von Ärzten waren. Künstler werden begreifen, daß die angebliche oder wirkliche DDR-Zensur nicht so kunstfeindlich war wie die Zensur des Marktes. Staatsbürger werden spüren, daß die DDR-Bürokratie plus der Jagd auf knappe Waren nicht soviel Freizeit erforderte wie die Bürokratie der BRD. Arbeiter und Bauern werden erkennen, daß die BRD ein Staat der Unternehmer (sprich Kapitalisten) ist und daß die DDR sich nicht ohne Grund einen Arbeiter-und-Bauern-Staat nannte. Frauen werden die Gleichberechtigung und das Recht, über ihren Körper selbst zu bestimmen, die sie in der DDR hatten, jetzt höher schätzen. Viele werden nach der Berührung mit dem Gesetz und dem Recht der BRD mit Frau Bohley, die uns Kommunisten verdammt, sagen: »Gerechtigkeit haben wir gewollt. Den Rechtsstaat haben wir bekommen.« Viele werden auch begreifen, daß die Freiheit, zwischen CDU/CSU, SPD und FDP zu wählen, nur die Freiheit zu einer Scheinwahl bedeutet. Sie werden erkennen, daß sie im täglichen Leben, insbesondere auf ihrer Arbeitsstelle, in der DDR ein ungleich höheres Maß an Freiheit hatten, als sie es jetzt haben. Schließlich werden die Geborgenheit und Sicherheit, die die kleine und im Verhältnis zur BRD arme DDR ihren Bürgern gewährte, nicht mehr als Selbstverständlichkeit mißachtet werden, weil der Alltag des Kapitalismus jetzt jedem deutlich macht, was sie in Wahrheit wert sind. Die Bilanz der 40jährigen Geschichte der DDR sieht anders aus, als sie von den Politiker und Medien der BRD dargestellt wird. Der wachsende zeitliche Abstand wird das immer deutlicher machen.

Der Prozeß gegen uns Mitglieder des Nationalen Verteidigungsrates der DDR soll ein Nürnberger Prozeß gegen Kommunisten werden. Dieses Unternehmen ist zum Scheitern verurteilt. In der DDR gab es keine Konzentrationslager, keine Gaskammern, keine politischen Todesurteile, keinen Volksgerichtshof, keine Gestapo, keine SS. Die DDR hat keinen Krieg geführt und keine Kriegs- oder Menschlichkeitsverbrechen begangen. Die DDR war ein konsequent antifaschistischer Staat, der wegen seines Eintretens für den Frieden hohes internationales Ansehen besaß. Der Prozeß gegen uns als die »Großen« der DDR soll dem Argument entgegengesetzt werden, »die Kleinen hängt man, und die Großen läßt man laufen«. Das Urteil über uns soll damit den Weg völlig freimachen, um auch die Kleinen zu »hängen«. Schon bisher hat man sich allerdings hierbei wenig Zwang auferlegt. Der Prozeß soll die Grundlage für die Brandmarkung der DDR als »Unrechtsstaat« bilden. Ein Staat, der von solchen »Verbrechern« wie uns, von »Totschlägern« regiert wurde, kann nur ein »Unrechtsstaat« sein. Wer ihm nahestand, wer ein pflichtbewußter Bürger der DDR war, soll mit einem Kainszeichen gebrandmarkt werden. Ein Unrechtsstaat kann natürlich nur von »verbrecherischen Organisationen« wie dem MfS, der SED usw. geführt und gestützt worden sein. Kollektivschuld, kollektive Verurteilung soll an die Stelle individueller Verantwortlichkeit treten, um das Fehlen von Beweisen für die behaupteten Verbrechen zu verschleiern. Pfarrer aus der DDR geben ihren Namen für eine neue Inquisition, für eine moderne Hexenjagd. Millionen werden so gnadenlos ausgegrenzt, aus der Gesellschaft ausgestoßen. Vielen werden die Existenzmöglichkeiten bis aufs äußerste eingeschränkt. Es reicht, als IM registriert worden zu sein, um den bürgerlichen Tod zu erleiden. Der Journalist als Denunziant wird hoch gelobt und reich entlohnt, nach seinem Opfer fragt niemand. Die Zahl der Selbstmorde ist tabu. Das alles unter einer Regierung, die sich christlich und liberal nennt, sowie mit Duldung, ja sogar Unterstützung einer Opposition, die diesen Namen ebensowenig verdient wie die Bezeichnung »sozial«. – Das alles geschieht mit dem selbstverliehenen Gütesiegel des Rechtsstaates. Der Prozeß offenbart seine politische Dimension auch als Prozeß gegen Antifaschisten. Zu einer Zeit, in der der rechte neonazistische Mob ungestraft auf den Straßen tobt, Ausländer verfolgt und wie in Mölln ermordet werden, zeigt der Rechtsstaat seine ganze Kraft bei der Verhaftung demonstrierender Juden und eben bei der Verfolgung von Kommunisten. Hier fehlt es auch nicht an Beamten und Geld. Das alles hatten wir schon einmal.

Resümiert man den politischen Gehalt dieses Prozesses, so stellt er sich als Fortsetzung des Kalten Krieges, als Negierung des neuen Denkens dar. Er enthüllt den wahren politischen Charakter dieser Bundesrepublik. Die Anklage, die Haftbefehle und der Beschluß des Gerichts über die Zulassung der Anklage sind geprägt vom Geist des Kalten Krieges. Die Präjudizien zu den Gerichtsentscheidungen gehen auf das Jahr 1964 zurück. Die Welt hat sich seitdem geändert, aber die deutsche Justiz führt politische Prozesse, als regiere noch Wilhelm II. Sie hat die vorübergehende liberale politische »Schwäche«, die sie nach 1968 überfiel, wieder überwunden und ihre alte antikommunistische Hochform wiedergewonnen. Uns schalt man »Betonköpfe« und warf uns Reformunfähigkeit vor. – In diesem Prozeß wird demonstriert, wo die Betonköpfe herrschen und wer reformunfähig ist. Nach außen ist man zwar äußerst geschmeidig, wird Gorbatschow die Ehrenbürgerschaft von Berlin verliehen, wird gnädig verziehen, daß er einst die sogenannten Mauerschützen durch seinen Eintrag in ihr Ehrenbuch belobigte, aber nach innen ist man »hart wie Kruppstahl«. Den einstigen Verbündeten von Gorbatschow stellt man dagegen vor Gericht. Gorbatschow und ich gehörten beide der kommunistischen Weltbewegung an. Es ist bekannt, daß wir in einigen wesentlichen Punkten verschiedener Meinung waren. Doch unsere Differenzen waren aus meiner damaligen Sicht geringer als unsere Gemeinsamkeiten. Mich hat der Bundeskanzler nicht mit Goebbels verglichen, und ich hätte ihm das auch nicht verziehen. Weder für den Bundeskanzler noch für Gorbatschow ist dieses Strafverfahren ein Hindernis für ihre Duzfreundschaft. Auch das ist kennzeichnend.

Ich bin am Ende meiner Erklärung. Tun Sie, was Sie nicht lassen können.

8. Höhepunkt und Wende

Die Rede, das war der sechste Verhandlungstag. Danach schwieg Erich Honecker und war nicht bereit, auf Fragen des Gerichts zu antworten. Schon vorher hatte er wenig gesagt, insgesamt drei sehr kurz Sätze in fünf Sitzungen. Von nun an war gar nichts mehr zu hören. Er saß zwischen seinen Verteidigern, immer korrekt gekleidet, dunkler Anzug, weißes Hemd, rote Krawatte, und verließ sich völlig auf diese drei Männer, denen er in der Tat vertrauen konnte.

Auch das morgendliche Ritual änderte sich nach seiner Rede. Dieses Ritual der ersten drei Wochen ist immer dasselbe gewesen. Das Publikum wird kurz vor halb zehn in den Saal gelassen, zeitgleich mit einer Kamera des Fernsehens. Man sucht sich schnell seinen Platz. Dann eine laute Stimme: »Erich!« Der Staatsratsvorsitzende sitzt an seinem Tisch. Nochmals: »Erich!« Kurze Pause. »Halt durch!« Der Staatsratsvorsitzende steht auf, lächelt, hebt den Arm mit Faust oder Siegeszeichen, setzt sich wieder. Und dann noch einmal eine laute Stimme: »Freiheit für alle politischen Gefangenen!« Ich denke jeden Morgen, das hätte er Herrn Honecker auch schon mal vor fünf Jahren zurufen können, und dann erscheint das Gericht. Es ist halb zehn. Alle stehen auf, auch der Staatsratsvorsitzende. Der Richter wartet ein paar Sekunden, bis er richtig ins Bild gekommen ist, sagt: »Die Fernsehkamera jetzt aber bitte aus dem Saal!«, alle setzen sich, die Fernsehleute verschwinden, und der Prozeß wird fortgesetzt.

Danach änderte es sich. Erste Anzeichen für eine Wende. Die laute Stimme rief nicht »Erich!«, sondern »Erich! Alles Gute!« Das war am Montag nach der Rede. Am Donnerstag war sie ganz verstummt und wurde seitdem nicht mehr gehört. Die Anzeichen verdichteten sich, daß der Prozeß gegen den Staatsratsvorsitzenden noch vor Weihnachten zu Ende gehen würde. Auch derjenige ärztliche Gutachter, so hörte man, hatte seine Meinung geändert, der Anfang November noch gesagt hatte, man könne weitermachen.

Montag, 7. Dezember 1992

So war es konsequent, daß diese Woche im Zeichen des Mannes stand, der nach dem Ausscheiden Honeckers der Hauptangeklagte sein würde, Heinz Keßler, 72 Jahre alt, Verteidigungsminister von 1986 bis 1989. Nachdem Honecker als erster seine Erklärung abgegeben hatte, war nun er dran.

»Herr Vorsitzender, meine Damen und Herren!« Keßler verweist zunächst auf die Rede Honeckers, der das Wichtigste schon gesagt habe, und dann formuliert er gleich am Anfang: »Ich beklagte und beklage jeden, der an der Grenze zu Tode gekommen ist.« Auch die Grenzsoldaten, die dort getötet wurden. Unruhe bei einem Teil des Publikums und den Nebenklägervertretern.

Während Honeckers Rede flüssig geschrieben war, bleibt Heinz Keßler in jenem merkwürdigen Amtsdeutsch, das die Sprache der Mächtigen in der DDR ausmachte. Später, bei der Vernehmung durch den Richter, als er nicht mehr abliest, zeigt sich, daß er auch frei sprechen kann. Es ist eine Sprache, die sich auf Stelzen bewegt. Schwerfällig, dienstlich, langatmig, unklar. So werden sie auch untereinander geredet haben. Um sich Auswege offenzuhalten? Sich nicht festzulegen? Oder um das allgemeine Kompetenzwirrwarr nicht zu stören?

»Als Antifaschist, der Sozialist, Kommunist wurde«, stehe er hier vor Gericht. Er sei schon unter Hitler zum Tode verurteilt worden und werde auch jetzt seine Meinung nicht ändern, zumal es in der Bundesrepublik wieder so viele Neonazis gebe. »Die Berufung zum Minister, die annähernd drei Jahre währte, unterliegt den gleichen Kriterien.« Damit will er sagen, daß er auch als Verteidigungsminister gegen den Faschismus gekämpft habe. Dann spricht er sogar ziemlich deutlich vom Schießbefehl, aber nur, um zu erklären, daß es so etwas nicht gegeben habe. Die Minenfelder an der Grenze seien von der Sowjetarmee angelegt worden, und die DDR hätte sie allmählich abgebaut. Am Kampf gegen den Faschismus will er wieder teilnehmen.

Honecker sprach ungefähr eine Stunde, Keßler eine halbe. Honecker weigerte sich, auf Fragen des Richters zu antworten, Keßler ist bereit. Richter Bräutigam stellt also die übliche Frage nach dem Lebensweg. Die sogenannte Vernehmung zur Person. Und der Angeklagte beschreibt, wie er nach dem Krieg in Berlin anfing, als Leiter des Hauptjugendausschusses beim Magistrat. »So begann ich mein gesellschaftliches Wirken unter jungen Menschen. Diese Tätigkeit habe ich mit Leidenschaft, so glaube ich sagen zu können, durchgeführt.« Er gehört zu den Gründern der FDJ, geht später zur Volkspolizei. Wird Chef der Luftstreitkräfte der Nationalen Volksarmee, und zwar »nach Rücksprache und Aussprache«, stellvertretender Verteidigungsminister, »wiederum nach Rücksprache und Aussprache«, übernimmt nach dem Tod Heinz Hoffmanns dessen Nachfolge als Minister, 1986. Und tritt im Oktober 1989 zurück, diesmal »nach Rücksprache und Aussprache« mit Egon Krenz.

Auf die Vernehmung zur Person folgt die Vernehmung des Angeklagten zur Sache. So steht es in der Strafprozeßordnung. Richter Bräutigam gestaltet den Übergang sehr unauffällig und fragt nach den Kompetenzen des Hauptstabes, dessen Chef Keßler 1966 geworden war. Aber der ist nicht dumm, weiß genau, worum es geht, denn damals wurde ja schon an der Grenze geschossen, und jetzt beginnt ein Katz-und-Maus-Spiel mit dem Richter, in dem der Angeklagte sein parteichinesisches Amtsdeutsch wundervoll einsetzen kann, um die verworrenen Kompetenzen der staatlichen Institutionen in der DDR noch undeutlicher werden zu lassen, als sie es ohnehin schon waren. Ab und zu wird er sogar mitteilsam. Auf die Frage, was Honecker als Vorsitzender des Nationalen Verteidigungsrates zu tun hatte, kommt die Antwort: »Er eröffnete die Sitzung, so wie Sie das hier machen.« Da muß auch der Richter lachen. Dann wird er wieder ernst. »Wie wurde denn der Schußwaffengebrauch im Nationalen Verteidigungsrat diskutiert?« »Nach meiner Erinnerung gar nicht.«

Donnerstag, 10. Dezember 1992

Der Tag beginnt mit langen Anträgen von Rechtsanwalt Plöger, der die Mutter des 1986 erschossenen Michael Bittner vertritt. Plöger verstärkt die Problematik dieses Prozesses ständig durch ungewollte Komik, die um so unangenehmer wirkt, weil es hier ja auch um die Opfer geht. Um die Bedeutung seiner Anträge zu unterstreichen, betont er, daß er auch den maßgeblichen Kommentar zur Strafprozeßordnung dabei hätte. Worauf ihm Nicolas Becker, der Verteidiger Honeckers, zu verstehen gibt, man müsse diesen Kommentar nicht nur mitbringen, sondern auch verstehen.

Die Vernehmung Keßlers geht weiter. Gegen elf Uhr wird sie rätselhaft. Richter Bräutigam verliest über eine Stunde lang Dokumente, aus denen sich nach Meinung der Staatsanwaltschaft ergibt, der Nationale Verteidigungsrat hätte den Schießbefehl gegeben. Rätselhaft ist das Ganze deshalb, weil eine solche Verlesung von Dokumenten eigentlich erst in die Beweisaufnahme gehört. Und die hat noch nicht angefangen. Außerdem trägt Hansgeorg Bräutigam die Dokumente überflüssig lang vor, fängt zu früh an, kommt dann zur wichtigen Stelle – und liest trotzdem noch weiter.

Nach kurzer Zeit protestiert die Verteidigung Erich Honeckers, der da ständig genannt wird. Rechtsanwalt Becker: »Wir sind noch nicht in der Beweisaufnahme.« Langes Hin und Her. Schließlich Beschluß des Gerichts: Form und Inhalt der Vernehmung des Angeklagten bestimmt der Vorsitzende. Er liest also weiter vor, was wohl zulässig, aber sehr ungewöhnlich ist. Heinz Keßler zeigt sich ungerührt. Einen Schießbefehl hat es nicht gegeben. Aus den Dokumenten ergebe sich das nicht.

Warum dieses merkwürdige Vorgehen des Richters? Warum liest er so lange vor? Warum das Ganze schon jetzt? Die Lösung des Rätsels ist wohl ziemlich einfach. Zum einen wird er sich nicht richtig vorbereitet haben. Die wichtigen Stellen waren offenbar nicht markiert. Zum anderen: Auch Richter Bräutigam scheint der Meinung zu sein, daß der Prozeß gegen Erich Honecker nächste Woche aus gesundheitlichen Gründen eingestellt werden muß. Deshalb will er die kurze Zeit noch nutzen, um das eigentliche Thema zur Sprache zu bringen, solange dieser Angeklagte im Saal ist und die Öffentlichkeit noch aufmerksam. Jedenfalls war es bisher das sicherste Zeichen dafür, daß der Staatsratsvorsitzende noch vor Weihnachten aus dem Gefängnis seines Klassenfeindes entlassen wird. Vielleicht ist der doch nicht so gnadenlos, wie Honecker meint.

Montag, 14. Dezember 1992
Wieder beginnt das Verfahren mit einer unwürdigen Posse. Diesmal dauert sie über eine Stunde.

In der mittelalterlichen Ursachenforschung unterschied man zwischen *Causa directa* und *Causa remota*, also zwischen dem, was unmittelbar ein Ereignis auslöst, und den dahinter liegenden Gründen. Die *Causa directa* des unwürdigen Spektakels am Montag hieß wieder einmal Rechtsanwalt Hanns-Ekkehard Plöger. *Causa remota* war der Vorsitzende Richter Hansgeorg Bräutigam.

Rechtsanwalt Plöger hat die unangenehme Eigenschaft, den Mangel an juristischen Kenntnissen durch Darbietungen auszugleichen zu wollen, die er für publikumswirksam hält. Eine schwere Belastung für die Nerven derjenigen, die die Verhandlung leiten sollen. Richter Bräutigam war ihr nicht ganz gewachsen. Statt ruhig und überlegen zu reagieren, ließ er sich zunehmend reizen, und das war genau, was der Rechtsanwalt wollte, der groteskerweise als Nebenklägervertreter die Interessen der Opfer wahrnehmen soll.

Die Einzelheiten sind uninteressant. Es ging mal wieder um einen unaufschiebbaren Antrag, der nicht unaufschiebbar war. Die Sitzung wurde dreimal unterbrochen, das Gericht zog sich zurück. Richter Bräutigam konnte nur haarscharf vermeiden, an ganz normalen prozessualen Klippen zu scheitern. Schließlich zog sich Rechtsanwalt Plöger zurück, zur Erleichterung des Gerichts und des Publikums.

Dann wäre an sich wieder der Verteidigungsminister an der Reihe gewesen, aber der wollte nicht mehr. Wahrscheinlich hat ihn sein Verteidiger erst mal aus dem Verkehr gezogen, nachdem der Richter in der Woche zuvor die Vernehmung der Person in eine Beweisaufnahme verwandelt hatte. Rechtsanwalt Mildebrath liest also eine Erklärung seines Mandanten vor. »Herr Keßler bedauert, daß er weitere Fragen nicht mehr beantworten wird.« Seine Befürchtungen hätten sich bestätigt, daß dies hier ein politischer Prozeß sei. Wobei dem Chronisten durch den Kopf geht, daß man damit früher in der DDR weniger empfindlich gewesen ist. Aber jedenfalls hat dieser Angeklagte nicht ganz unrecht, wenn er sich über die unwillige Reaktion des Richters ärgert, der seitenlang über den Schußwaffengebrauch vorlas, aber nicht bereit war, die entsprechenden Vorschriften für den bundesdeutschen Grenzschutz vorzutragen, worum der Verteidigungsminister geistesgegenwärtig gebeten hatte. Das holt nun sein Verteidiger nach. Er zitiert zunächst aus einem der Dokumente, die der Richter verlesen hatte, danach aus dem Gesetz der Bundesrepublik über den unmittelbaren Zwang, das komischerweise aus demselben Jahr stammt, in dem die Mauer gebaut wurde. Die Ähnlichkeit ist nicht zu übersehen – und das Publikum verblüfft. Nun ja, die Ähnlichkeit verbirgt schließlich doch einige Unterschiede zwischen hüben und drüben. Aber Herr Keßler hat dadurch den Eindruck bekommen, daß hier nicht fair verhandelt werde, und macht nun von seiner rechtsstaatlichen Befugnis als Angeklagter Gebrauch, demnächst zu schweigen.

Nachdem der Verteidigungsminister sich zurückgezogen hat, ist nun Fritz Streletz an der Reihe. Er war der Sekretär des Nationalen Verteidigungsrates, ist der jüngste der Angeklagten, 66 Jahre alt, sieht aus wie 55, ein General, auch in Zivil. Er will einen Beitrag leisten zur Ermittlung der Wahrheit. Als er das am Anfang seiner schriftlich formulierten Erklärung laut und deutlich sagt, scheinen diejenigen recht zu behalten, die befürchtet oder gehofft hatten, er werde aus der gemeinsamen Front der Angeklagten ausbrechen. Aber Fritz Streletz bricht nicht aus. Einen Schießbefehl hat es nicht gegeben. Er kann das auch sehr eindrucksvoll beschreiben, ob man ihm nun glauben will oder nicht.

Jetzt spricht ein General, ein richtiger General. Da sitzt er vor seinen Richtern und spricht so klar und deutlich, wie er vorher seine Befehle gegeben hat. Und auch so laut. Mühelos kann er den großen Saal mit seiner Stimme füllen und übertönt damit auch noch das Mikrofon, das vor ihm auf dem Tischchen steht. Mir ist das etwas zuviel Geräusch. Ich mag diesen Kasernenhofton nicht. Aber, wie gesagt, klar und deutlich. Sag ja und nein und dreh und deutle nicht. Kein parteichinesisches Bürokratendeutsch.

Er will nun einiges richtigstellen, was da falsch ist in der Anklage. Das habe gar nichts damit zu tun, daß er »den Tod und die Verletzung jedes Menschens an der Grenze zutiefst bedaure«. Im übrigen sieht er das militärisch. Er ist schließlich Soldat. Als solcher behandelt er nun drei Themen. Die Grenze, den Schußwaffengebrauch, die Minenfelder.

Die Grenze sei nicht eine »innerdeutsche« gewesen, wie die Staatsanwaltschaft in der Anklageschrift meint, »sondern eine durch den zweiten Weltkrieg geschaffene bittere Tatsache«, nicht nur die Grenze zwischen Kapitalismus und Sozialismus, sondern auch zwischen zwei mit modernsten Waffen ausgerüsteten und sich feindlich gegenüberstehenden militärischen Blöcken.

Daraus ergibt sich seine Meinung zum Schußwaffengebrauch. Es hätte sich eben nie um eine normale Grenze gehandelt. Ziel sei immer nur die Festnahme von Grenzverletzern gewesen, niemals ihre Tötung. Es habe keinen Schießbefehl gegeben, »mit dem die Tötung von Menschen befohlen wurde«. Er belegt das mit Zahlen. In den letzten Jahren, von 1979 bis 1988, seien insgesamt 3 600 Grenzverletzer festgenommen worden, und dabei hätte man nur in 187 Fällen geschossen, etwa dreißig- bis vierzigmal mit gezieltem Feuer. Es habe keine Faustregel gegeben »Besser der Flüchtling ist tot, als daß die Flucht gelingt«. Er selbst habe gegenüber dem Chef der Grenztruppen öfter das Dauerfeuer kritisiert. Wie viele

Tote es in dieser Zeit gegeben hat, das sagt er aber nicht. Das überläßt der General dem Generalstaatsanwalt.

Statt dessen kommt er zu den Minen. »Für mich als Soldat war es nie zweifelhaft, daß die DDR berechtigt war, an ihrer Grenze Minenfelder anzulegen.« Minenfelder seien militärisches Sperrgebiet, mit überall sichtbaren Warnschildern: »Achtung! Minen! Lebensgefahr!« Davor gab es ein Sperrgebiet von fünf Kilometer Breite.

Was bei Keßler im unklaren blieb, diffus, neblig, wird bei ihm hell und klar. Auch während der anschließenden Vernehmung durch den Richter. Man merkt gar nicht, daß er jetzt frei spricht, denn alles ist energisch und druckreif formuliert. Also, der Nationale Verteidigungsrat tagte zuletzt dreimal im Jahr, jeweils an einem Freitagmorgen um zehn Uhr im Verteidigungsministerium in Strausberg. Honecker kam schon um Viertel nach neun, halb zehn, um das Ganze mit Mielke, mit dem Verteidigungsminister und dem Parteisekretär für Sicherheitsfragen zu beraten. Man tagte dann jeweils zwei bis drei Stunden. Alles war bestens vorbereitet. Am Wochenende schrieb der General das Protokoll, und am Montagmorgen war es mit Kurier bei Honecker. Einmal im Jahr, oder alle zwei Jahre, sprach man auch über die Situation an der Grenze, aber immer nur, und das sei sehr wichtig, sagt der General, »immer nur in Übereinstimmung mit den Beschlüssen der Staaten des Warschauer Vertrages«. So war es im Statut vorgeschrieben.

Nur einmal gibt es Gelächter. Der Kasernenhofton des Generals war von Dur in Moll übergegangen, als er in wohlabgewogenen Worten beschreibt, wie reibungslos die Sitzungen immer abliefen, nicht nur wegen der guten Vorbereitung, sondern auch, weil Honecker sie so elegant geleitet hat, »in väterlicher Art«. Und er sei stets ruhig geblieben, hätte nie jemanden unterbrochen. Der General sitzt an dem kleinen Tisch vor seinen Richtern, mit dem Rücken zum Saal, in dem nun eine große Heiterkeit ausbricht, weil jeder an den Anfang der Sitzung heute morgen denkt, als Hansgeorg Bräutigam nervös wurde und Anwalt Plöger andauernd unterbrach.

»Nein, nein«, sagt der General energisch, ohne sich umzu-
drehen. »So war das nicht gemeint.«

Donnerstag, 17. Dezember 1992
Nachdem Keßler und Streletz zu Wort gekommen waren,
dreht sich heute wieder alles um den Staatsratsvorsitzenden.
Das Gutachten der Mediziner liegt vor und soll beraten werden. Großer Andrang von Presse und Fernsehen. Das Gutachten, dessen Inhalt am Morgen teilweise schon in der Presse veröffentlicht wird, ist insofern eine Überraschung, weil tatsächlich auch derjenige Mediziner umgeschwenkt ist, der Anfang
November noch gesagt hatte, man könne ruhig weitermachen.
Nun kam auch er zu dem Ergebnis, Honeckers Leberkrebs sei
ein bösartiger Tumor mit hoher Wachstumsgeschwindigkeit,
und die Lebenserwartung liege noch zwischen drei und sechs
Monaten. Im November hatte er von eineinhalb Jahren
gesprochen, und das war die Grundlage für die umstrittene
Entscheidung der 27. Strafkammer. »Bei Herrn Erich
Honecker«, heißt es jetzt im Gutachten, »besteht ein Zustand,
wo sich Leben und Sterben überlappen, wobei der Vorgang
des Sterbens nunmehr mehr Gewicht bekommt, zumindest
wenn man unterstellt, daß das Tumorwachstum in der bisherigen Geschwindigkeit fortschreitet.« Wenn das Gericht eine
Hauptverhandlung durchführen wolle, »die möglicherweise
bis ins kommende Frühjahr hineinreicht, dann wird man
wohl sagen müssen, daß hier die Erkrankung von Herrn
Honecker Grenzen setzt, die dieses Ziel zu erreichen nicht
erlauben«. Allerdings auch: »Herr Honecker ist nach dem
zuvor Gesagten weiter haftfähig.«
Die Verhandlung läuft nicht schlecht. Nebenklägervertreter
Plöger hatte zwar schnell noch das Bundesverfassungsgericht
angerufen, um die von allen erwartete Freilassung Honeckers
zu verhindern, was juristischer Blödsinn war und in Karlsruhe
prompt zurückgewiesen wurde. Denn es gibt kein individuel-
les Grundrecht seiner Mandantin auf Verfolgung von Straftaten. Auch hatte der Anwalt medizinischen Beistand dabei, der
einiges Aufsehen erregte, Professor Hackethal, der unter sei-

nen Kollegen einen ähnlich problematischen Ruf genießt wie Plöger bei den Juristen in Berlin. Aber Richter Bräutigam machte einen Vorschlag, der alles wieder in ruhige und würdige Bahnen lenkte. Sein ungewöhnlicher, aber vorzüglicher Gedanke: Er wolle nicht wieder über medizinische Einzelheiten in aller Öffentlichkeit verhandeln und in Gegenwart desjenigen, um dessen Krankheit es geht. Das habe ja auch etwas mit der Würde des Menschen zu tun. Also schlage er vor, die Hauptverhandlung zu unterbrechen und im kleinen Kreis, ohne die Angeklagten, ohne die Öffentlichkeit, zu beraten. Einsicht zu nehmen in Gutachten und Unterlagen, um mit den Ärzten darüber zu reden. Nach kurzem Zögern bei der Verteidigung Honeckers – die auf die Wirkung der ärztlichen Befunde in der Öffentlichkeit gehofft hatte – waren alle einverstanden. Die Beratung dauerte drei Stunden, und dann erfuhren die gespannt wartenden Zuschauer: Nächster Termin ist Montag vor Weihnachten. Er wurde zum Tag eines gnadenlosen Tauziehens.

Montag, 21. Dezember 1992

Zum erstenmal seit Wochen ist die Turmstraße in Moabit wieder vollgestopft mit Übertragungswagen von Fernsehen und Rundfunk. Kurz vor halb zehn kommt im Saal 700 ein Justizwachtmeister mit vier dicken Umschlägen zu Erich Honecker und seinen drei Anwälten. Ein Coup der Staatsanwaltschaft. Eine neue Anklage mit einem neuen Haftbefehl, für die eine andere Strafkammer zuständig ist. Eine Anklage wegen Veruntreuung von 18 Millionen Mark für die Privathaushalte der Prominentensiedlung in Wandlitz. Also rechnet auch die Staatsanwaltschaft damit, daß die 27. Strafkammer heute zu einer für Honecker positiven Entscheidung kommt, und will auf diese Weise Zeit gewinnen. Nun kann er erst freigelassen werden, wenn auch der andere Haftbefehl aufgehoben wird. Dafür braucht man ein paar Tage. Erster Schlag für die Verteidigung Honeckers.

Dasselbe Ziel verfolgt der Vertreter der Nebenklage. Nachdem er am Donnerstag dem Vorsitzenden Richter noch ein

»Weihnachtsgeschenk« gemacht und einen seiner unzähligen Befangenheitsanträge zurückgezogen hatte, lieferte ihm Hansgeorg Bräutigam am selben Abend ein Gegengeschenk, im Fernsehen. Der Richter gab ein Interview in der »Berliner Abendschau« über die medizinischen Gutachten. Ein Richter in solchen Großverfahren begibt sich immer auf Gratwanderungen. Aber doch nicht überflüssigerweise. Also stellt Hanns-Ekkehard Plöger wieder einen Befangenheitsantrag gegen Richter Bräutigam. Wie alle anderen wird er abgelehnt werden. Doch Plöger hat Zeit gewonnen. Normalerweise braucht man dafür nämlich einen Tag, und vorher können die Richter eigentlich nicht über das entscheiden, worauf alles wartet. Weihnachten vor der Tür und zwanzig Übertragungswagen unten auf der Straße. Ernste Gesichter bei der Verteidigung Honeckers.

Dann kommt der dritte Schlag, und ihre Gesichter werden noch ernster, während der Staatsratsvorsitzende unbeweglich daneben sitzt, leicht zurückgelehnt, den Kopf ein wenig nach links zu den Richtern und die Augen meistens halb geschlossen. Ab und zu rückt er seine Brille zurecht. Der dritte Schlag ist die Stellungnahme der Staatsanwaltschaft. Sie ist übrigens nicht vollzählig erschienen. Später wird bekannt, man sei sich nicht einig gewesen. Der unterlegene Oberstaatsanwalt fehlt. Also: Angesichts der einhelligen Meinung der Ärzte hätte die Anklage der Einstellung des Verfahrens an sich zustimmen müssen. Aber die Ärzte haben sich vorsichtig ausgedrückt. Wer will schon den Tod eines Menschen sicher vorhersagen für einen bestimmten Zeitpunkt? Im Gutachten heißt es »wohl«, »wird man wohl sagen müssen«. Also, sagt die Staatsanwaltschaft, die Prognose sei nicht sicher. Sie lehnt die Einstellung des Verfahrens ab. Das Gericht kann zwar noch anders, aber in solchen Fällen entscheidet man nicht gern gegen die Staatsanwaltschaft.

Rechtsanwalt Plöger liest ein Gutachten von Professor Hackethal vor und hat Schwierigkeiten mit der Aussprache von Fremdwörtern, die beweisen sollen, wie viele Fehler die anderen Ärzte gemacht haben. »Auch wir treten dem Antrag der Verteidigung mit Entschiedenheit entgegen und wünschen Herrn Honecker gute Besserung.«

Schließlich die Verteidigung. Wolfgang Ziegler spricht ruhig und genau, unterdrückt seine Erregung, spricht von der »Nagelprobe für den Rechtsstaat«. Danach sein Kollege Becker, weniger glücklich, indem er die Staatsanwaltschaft in die Nähe nationalsozialistischer Gründlichkeit rückt, und schließlich Friedrich Wolff, über die Würde des Menschen und ein Signal für die Zukunft.

Inzwischen ist es spät geworden, halb zwei. Das Gericht will erst einmal beraten, wie es weitergeht. Nach zwei Stunden sind die Richter wieder da. Der Vorsitzende gibt eine Erklärung ab, die die Entscheidung über Plögers Ablehnungsantrag heute noch möglich macht. Dann ziehen sie sich wieder zurück. Langes Warten. Es wird dunkel. Auch hier ist die Diagnose eindeutig. Die Richter sind sich nicht einig. Es gibt Auseinandersetzungen. Endlich, kurz nach fünf, ist es soweit. Die Entscheidung. Erstens, das Ablehnungsgesuch wird zurückgewiesen. Zweitens, das Verfahren gegen Erich Honecker wird nicht eingestellt. Er bleibt in Haft und wird im Januar noch einmal untersucht. Die Prognose der Ärzte sei nicht sicher genug.

Drei Minuten Begründung. Schluß. Aus. Alles ist verblüfft. Nur Erich Honecker hat – vorerst – recht behalten. Die lassen mich hier nicht raus, hat er immer gesagt, wenn seine Verteidiger ihn mit dem Rechtsstaat vom Gegenteil überzeugen wollten. Der Klassenfeind ist unerbittlich. Weihnachten in Moabit.

Mittwoch, 23. Dezember 1992

Der Prozeß ruht, zwischen Weihnachten und Neujahr. Trotzdem geht es weiter. Und wie! Die erste Bombe platzt an diesem Mittwoch, zwei Tage nach jener problematischen Entscheidung.

Die Verteidiger des Staatsratsvorsitzenden haben heute einen Antrag eingereicht, mit dem »Herr Honecker den Vorsitzenden Richter Bräutigam wegen Besorgnis der Befangenheit ablehnt«. Er ist durchaus nicht der erste dieser Art, aber möglicherweise der letzte, denn er hat einige Aussicht auf Erfolg. Richter Bräutigam hat nämlich gelogen. Und das kam so.

Am Montag gab es mehrere Pausen, die zum Teil sehr lang waren, unter anderem deshalb, weil das Gericht über einen Ablehnungsantrag von Nebenklägervertreter Plöger beraten mußte, bevor es über die Frage entscheiden konnte, ob das Verfahren gegen Honecker eingestellt wird. Grund für das Ablehnungsgesuch war jenes unselige Fernsehinterview, das Bräutigam über die medizinischen Gutachten gegeben hatte. Man faßte sich zwar an den Kopf, aber wußte eigentlich auch, daß ihm dies noch nicht das Genick brechen würde. An der Beratung darüber kann der abgelehnte Richter nicht teilnehmen. Was macht er? Er erscheint vor dem Gerichtssaal und geht zu Honeckers Verteidigern, einen grünen Stadtführer von Berlin – »VEB Tourist-Verlag« – in der Hand. Einer der Schöffen wolle so gern ein Autogramm von Honecker. Ob man ihm den Stadtführer nicht schnell geben könne, damit er unterschreibe.

In dieser Situation, vor der Entscheidung über die Entlassung ihres Mandanten, hätten die Verteidiger noch ganz andere Aufträge übernommen. Also nicken sie. Friedrich Wolff nimmt das grüne Buch, und der Richter verschwindet. Das allein schon war ein tolles Stück. Natürlich hätte er dem Schöffen sagen müssen, daß das nicht geht. Man kann nicht über einen anderen zu Gericht sitzen und ihn gleichzeitig um ein Autogramm bitten. Irgendwo zeigt die Übernahme des Auftrags ja eine sympathische Gutmütigkeit dieses Vorsitzenden, aber auch eine phänomenale Unsensibilität gegenüber allen Regeln richterlichen Anstands. Wie das Interview im Fernsehen, über das die anderen gerade beraten mußten. Aber nicht nur das. Es kam noch schlimmer.

Die Pause ist zu Ende, die Hauptverhandlung wird fortgesetzt, und nun fragt Rechtsanwalt Plöger den Richter, was er denn da mit den Verteidigern besprochen habe. Mit denen würde er immer alles besprechen, aber nicht mit ihnen, den Vertretern der Nebenkläger. Plöger hat den Verdacht, in diesem nervenaufreibenden Tauziehen um die Entscheidung sei eine Absprache ohne ihn getroffen worden. Der Richter zögert eine Sekunde und antwortet nervös: »Ich habe der Verteidigung nur eine Postsache übergeben. Etwas ganz Routinemäßiges. Befriedigt Sie das? Befriedigt Sie das nicht?« Plöger schweigt. Auch die Anwälte Honeckers sagen nichts. Sie hoffen auf eine positive Entscheidung. Die Verhandlung geht weiter, und am Ende ist es eine negative. Das Verfahren wird nicht eingestellt. Dafür nun als Rache der Verteidigung dieser Ablehnungsantrag mit öffentlicher Bloßstellung. Der Richter hat gelogen, sagen die Anwälte. In öffentlicher Verhandlung. Es war keine Postsache. Er wollte ein Autogramm. Peng. Man faßt sich an den Kopf. Die Peinlichkeiten in diesem Jahrhundertprozeß sind kaum noch zu überbieten.

Montag, 28. Dezember 1992

Der zweite Knall kommt aus dem Kammergericht, 4. Strafsenat. Auch »etwas ganz Routinemäßiges«, nämlich die Ablehnung von Honeckers Haftbeschwerden. Das war nicht anders zu erwarten, weil die Ärzte einhellig erklärt haben, zur Zeit sei er noch haftfähig. Eine – juristisch – ganz andere Frage ist die, ob er das Ende des Prozesses noch erleben wird. Also die Einstellung des Verfahrens. Darum ging es hier nicht, denn gegen die Verweigerung der Einstellung durch die 27. Strafkammer des Landgerichts ist eine Beschwerde nicht möglich. Das sind normale Zwischenentscheidungen. Wenn man dagegen vorgehen könnte, würde alles durcheinandergehen oder verzögert. Also, das Kammergericht entscheidet nur über Haftbeschwerden und lehnt ab. Honecker ist noch haftfähig. So weit, so gut. Aber jetzt kommt's. Der größte Teil der sieben Seiten dieses Beschlusses beschäftigt sich trotzdem mit der von der 27. Strafkammer abgelehnten Einstellung des Verfahrens. Juristisch nennt man so etwas ein *Obiter dictum*. Nebenbei gesagt. Nebenbei gesagt halten wir die Weigerung des Landgerichts für falsch.

Wörtlich: »Der Senat ist allerdings aufgrund des neuesten Gutachtens der Ansicht, daß der Beschwerdeführer mit sehr hoher Wahrscheinlichkeit den Abschluß des Verfahrens nicht überleben wird.« Honecker ist ein sterbenskranker Mann. Das Landgericht hat nicht bedacht, daß sich das Verfahren durch seine Krankheit noch weiter in die Länge ziehen wird. Aber: »Dennoch ist der Senat rechtlich daran gehindert, das Verfahren selbst einzustellen.« Das kann nur das Landgericht selbst, was ja auch, so die Kammerrichter zum Schluß etwas versöhnlich »durchaus sinnvoll« ist. Nebenbei gesagt.

Ein solches *Obiter dictum* in dieser Länge und mit diesem Inhalt ist völlig ungewöhnlich. Eine Ohrfeige für die 27. Strafkammer. Peng. Deren Starrsinn ist nun nicht nur von den eigenen Kollegen im Landgericht juristisch beim Namen genannt worden, »zumindest nicht unvertretbar«, so die 51. Kammer bei der Entscheidung über das Ablehnungsgesuch, das Honeckers Anwälte deswegen am Anfang schon eingereicht hatten. Nun kommt auch noch das von oben.

Dienstag, 29. Dezember 1992

Heute ist Verfassungsbeschwerde erhoben worden für Erich Honecker beim Verfassungsgerichtshof des Landes Berlin. Sie richtet sich gegen den Beschluß des Landgerichts vom Montag vor und gegen den des Kammergerichts vom Montag nach Weihnachten.

Das Verfassungsgericht hat erst im März dieses Jahres seine Arbeit aufgenommen und ist bisher kaum in Erscheinung getreten. Deshalb ist es nicht unwahrscheinlich, daß es diese Gelegenheit wahrnehmen wird für eine spektakuläre Entscheidung. Vor der staatlichen Vereinigung hatten alliierte Bedenken die Errichtung eines solchen Gerichts in der Stadt verhindert.

Wenn, wie in Berlin, eine Verfassungsbeschwerde auch zu einem Landesverfassungsgericht möglich ist, dann kann der Betroffene wählen, ob er sie hier erheben will oder beim Bundesverfassungsgericht in Karlsruhe. Die Beschwerde kann in Berlin aber nur damit begründet werden, daß er in einem Grundrecht verletzt ist, das von der Landesverfassung garantiert wird. Und da liegt eines der Probleme der Verfassungsbeschwerde des Staatsratsvorsitzenden.

Wenn nämlich die beiden Beschlüsse, gegen die sie sich richtet, fehlerhaft waren, dann verstoßen sie gegen die Würde des Menschen. Das ist dasjenige Grundrecht, das auch das Bundesverfassungsgericht 1979 in seiner ersten Entscheidung zu dieser Frage genannt hat und auf das sich alle beziehen, die meinen, ein Strafprozeß sei einzustellen, wenn feststeht, daß der Angeklagte das Urteil nicht mehr erleben wird. Also die Würde des Menschen, Artikel 1 des Grundgesetzes. Aber in der Berliner Verfassung wird sie nicht genannt, nur Gleichheit, Freiheit, Eigentum und andere. Man darf gespannt sein, wie die Berliner Richter dieses Problem lösen werden. Im übrigen ist die Zurückhaltung der Verteidigung Honeckers in dieser Hinsicht bemerkenswert. Bisher hat die Presse jede Neuigkeit sofort von ihr erfahren. Daß Verfassungsbeschwerde eingelegt worden ist und wo, erfährt man erst eine Woche später.

Montag, 4. Januar 1993

Erster Verhandlungstag im neuen Jahr. Der Staatsratsvorsitzende sieht etwas blasser aus und schmaler, vielleicht auch nur deshalb, weil er zum ersten Mal einen anderen Anzug trägt, nicht mehr dunkelblau mit rotem Schlips, sondern dunkelgrau mit silberner Krawatte. Auch sonst ist manches etwas anders. Richter Bräutigam eröffnet die Sitzung mit zehn Minuten Verspätung. Sonst war er immer pünktlich. Daß der Vertreter der Nebenklägerin Bittner fehlt, ist normal. Rechtsanwalt Plöger kommt oft etwas später. Aber noch nie hatte Hansgeorg Bräutigam auf ihn warten lassen. Im Gegenteil. Er schien eher erleichtert zu sein, wenn er ihn nicht sehen mußte.

Also, der Vorsitzende sieht, daß Plöger noch nicht da ist und sagt, es sei noch keine dienstliche Erklärung zu den Ablehnungsanträgen abgegeben worden. Mehrere Anträge? Bisher wußte man nur von dem der Verteidigung Honeckers wegen der Autogrammaffäre. Jetzt erfahren wir, daß auch Plöger einen gestellt hat. Er ist es schließlich gewesen, der angelogen wurde. Nun gut. Trotzdem ist nicht klar, warum sich Bräutigam so viel Zeit läßt. Also, die dienstliche Erklärung muß erst noch abgegeben werden. Eine halbe Stunde Pause. Dann geht es weiter, der Vorsitzende bemerkt: »Und jetzt ist auch Nebenklägervertreter Plöger da«, und wir verstehen immer noch nicht, bis sich das Rätsel im Gespräch der beiden löst. Plöger hatte angedeutet, er könne seinen Antrag zurückziehen. Jetzt ist alles klar. Denn sein Antrag ist der gefährlichere. Wenn die Nebenklägerin zusehen muß, wie der Vorsitzende heimlich Autogrammgeschäfte mit der Verteidigung des Hauptangeklagten macht und dann auch noch von ihm angelogen wird, hat sie wirklich einen Grund für die Besorgnis, er sei ihr gegenüber befangen. Plöger hat das Schicksal Bräutigams in der Hand. Ja, sagt er, er hätte Frau Bittner noch nicht erreicht. »Ist doch nicht nötig«, meint Bräutigam. »Sie können als Vertreter selbst entscheiden.« Aber nein, Plöger möchte telefonieren. Selbstverständlich. Wir machen wieder zwanzig Minuten Pause. Dann hat er sie wieder nicht erreicht und zögert, bis sein Kollege Boergen, ein anderer Nebenklägervertreter zu ihm sagt: »Wenn du den Antrag zurücknimmst, werde ich ihn stellen.« Damit ist Bräutigams Schicksal besiegelt. Plöger nimmt nicht zurück.

Es wird noch eine Stunde über einen weiteren unaufschiebbaren Antrag verhandelt, der diesmal von der Verteidigung kommt. Ein neuer Antrag auf Einstellung des Verfahrens wegen der Krankheit des Hauptangeklagten. Um zwölf macht der Vorsitzende eine Pause. Nach einer dreiviertel Stunde will er bekanntgeben, wie es weitergeht. Und ward nie mehr gesehen. Das Gericht bleibt verschwunden. Nur die Saaltür wird noch einmal geöffnet, damit die Journalisten ihre Mäntel holen können.

Dienstag, 5. Januar 1993

An diesem Morgen fällt die Entscheidung. Dienstag. Die beiden beisitzenden Richter beschließen mit einem Ergänzungsrichter, Kai Dieckmann, der bisher schon immer an der Wand hinter den Richtern gesessen hat, sie beschließen also, daß ihr Vorsitzender wegen Befangenheit ausscheiden muß. Das Ende einer Karriere. Natürlich bleibt er Vorsitzender Richter am

Landgericht. Aber der unaufhaltsame Aufstieg, der mit der Leitung eines Jahrhundertprozesses verbunden zu sein schien, er ist nicht mehr. »Honeckers Richter« verläßt den Prozeß vor dem Staatsratsvorsitzenden. Die maßlosen Beschimpfungen am Abend im Fernsehen sind ungerecht, die Ehrenrettung in der *Frankfurter Allgemeinen* am nächsten Morgen ist auch nicht besser. Die Wahrheit liegt in der Mitte. Hansgeorg Bräutigam hat einiges gut gemacht. Er hat auch einiges sehr falsch gemacht. So ist das eben, wenn der Rechtsstaat funktioniert. Dann muß ein Richter auch mal gehen.

Donnerstag, 7. Januar 1993
Pünktlich um halb zehn kommt nun als erster Hans Boß aus dem Richterzimmer. Er ist 47 Jahre alt. Richter am Landgericht, bisher einer der Beisitzer und nun der Nachfolger seines Kammervorsitzenden in diesem Verfahren. Neben ihm der Ergänzungsrichter, der vorsichtshalber schon immer an den Sitzungen teilgenommen hat, als neuer Beisitzer.

»Guten Morgen, meine Damen und Herren«, sagt Hans Boß, »wir setzen die Verhandlung gegen den Angeklagten Honecker und die anderen fort.« Er spricht sehr ruhig und hat alles gut vorbereitet. Am Mittwoch war ein alarmierender Brief vom Chefarzt des Haftkrankenhauses gekommen. In den letzten Tagen hätte sich Honeckers Zustand außerordentlich verschlechtert. Schmerzen, Übelkeit, Gewichtsverlust. Würde er in diesem Zustand in die Haftanstalt eingeliefert, müßte die Aufnahme wegen Haftunfähigkeit abgelehnt werden. Der kleine, schmale blasse Mann sitzt wie immer an seinem Platz, meistens regungslos, und sieht sich ein wenig den neuen Vorsitzenden an. Wieder im dunkelgrauen Anzug mit der silbernen Krawatte.

Nachdem »sein Richter« gegangen ist, wird nun seine eigene Entlassung vorbereitet. Die Richter scheinen sich jetzt einig zu sein. Insofern war Plögers Geschoß ein Rohrkrepierer. Vielleicht hat er das geahnt und deshalb gezögert. Jedenfalls wird eine neue Untersuchung durch die Gutachter angeordnet für diese Woche. Die Verteidigung Honeckers meint, das sei überflüssig, der Brief des Chefarztes eindeutig. Ist er ja auch. Aber der Rechtsstaat will sich noch etwas Zeit lassen und nicht einfach zugeben, daß der Beschluß vom Montag vor Weihnachten falsch war. Also neue Untersuchung und neue Entscheidung. Donnerstag.

Der Verteidiger des Verteidigungsministers stellt einen Antrag auf Abtrennung. Die anderen Angeklagten wollen endlich weiterkommen. Das Verfahren gegen sie wird ständig dadurch behindert, daß fast nur über Honeckers Krankheit gesprochen wird. Also stellt Rechtsanwalt Mildebrath völlig zu Recht den Antrag auf Abtrennung der Verfahren. Die Verteidiger der beiden anderen schließen sich an, worauf Rechtsanwalt Plöger, Spezialist für Geschmacklosigkeiten, die Frage stellt: »Ist das solidarisch, daß Sie einen alten Herrn alleine lassen wollen?« Man habe doch von Anfang an gewußt, daß es hier einige »Fußkranke« gebe. Am Montag hatte er noch eine andere Diagnose: Sein Spezialist für Medizinisches, Professor Hackethal, habe festgestellt, Honecker hätte nicht Krebs, sondern nur einen Bandwurm. Jetzt, bei den »Fußkranken«, wird der Staatsratsvorsitzende doch etwas unruhig. Sonst hat er Plögers Plagen meistens ruhig ertragen. Nun dreht er sich auf seinem Stuhl wieder mehr zu den Richtern, beugt sich etwas weiter nach vorn.

Es wird nicht lange verhandelt an diesem Tag. Schon um elf ist die Sitzung zu Ende. Richter Boß verkündet den Beschluß, daß das Verfahren gegen Erich Honecker abgetrennt wird, weil er nur beschränkt verhandlungsfähig ist. Gegen die anderen wird am Montag nächster Woche verhandelt, gegen Honecker am Donnerstag. Am Donnerstag soll morgens in nichtöffentlicher Sitzung mit den ärztlichen Gutachtern gesprochen und am Nachmittag die öffentliche Hauptverhandlung fortgesetzt werden. Beschlossen und verkündet. Jeder im Saal spürt, das ist die Vorentscheidung für Honeckers Freilassung. Richter Boß packt oben auf der Richterbank seine Akten und geht. Unten steht ein alter Herr langsam auf, dankt seinen Verteidigern und verabschiedet sich höflich von seinem Verteidigungsminister, seinem Generalstabschef und dem Bezirksvorsitzenden von Suhl. Wahrscheinlich für immer.

Montag, 11. Januar 1993

Der erste Tag, an dem ohne Erich Honecker verhandelt wird. Richter Boß setzt fort, was sein Vorgänger Bräutigam vor vier Wochen begonnen hat und dann durch die Unruhe im Verfahren gegen den Staatsratsvorsitzenden unterbrochen wurde. Fritz Streletz wird weiter zur Sache vernommen, und er steht Rede und Antwort, energisch und druckreif. Die Selbstschußanlagen SM 70 kommen zur Sprache, an der Grenze zur Bundesrepublik im Todesstreifen angebracht in mittlerer Höhe, schreckliche Splitterminen, die ausgelöst wurden durch die Flüchtenden selbst. »Dumdumgeschosse« seien es gewesen, meint die Staatsanwaltschaft, und völkerrechtlich verboten. Der General sieht es anders. Die DDR sei ein souveräner Staat gewesen und berechtigt, ihre Grenzen auf diese Weise zu sichern. Ende der achtziger Jahre sind sie abgebaut worden, weil sie die Entspannung der Ost-West-Beziehungen behindert und sich auch militärisch nicht bewährt hätten.

Im Saal ist es ruhiger als sonst. Viele Journalisten sind nicht erschienen, warten auf Donnerstag, an dem über die Einstellung des Verfahrens gegen den Staatsratsvorsitzenden verhandelt werden soll. Es gibt auch Gerüchte, der Berliner Verfassungsgerichtshof werde schon morgen entscheiden. Also eine Art Wettlauf der Richter. Wer zuerst kommt, mahlt zuerst.

9. Der Beschluß des Verfassungsgerichtshofes

Der Verfassungsgerichtshof des Landes Berlin, er existiert noch nicht lange. Alliierte Vorbehalte hatten seine Errichtung bis zur Wiedervereinigung verhindert. Danach hat man dann zwar schnell ein entsprechendes Gesetz erlassen, aber die Wahl der acht Richter verzögerte sich. Erst im März 1992 sind sie vom Abgeordnetenhaus gewählt worden.

Fast jedes Bundesland hat solch ein Verfassungsgericht, das kaum von größerer Bedeutung ist, weil die meisten verfassungsrechtlichen Streitigkeiten vom Bundesverfassungsgericht in Karlsruhe entschieden werden. Ab und zu kann man auch Verfassungsbeschwerden vor diese Landesgerichtshöfe bringen, nämlich in Bayern, Hessen und im Saarland. Im Prinzip stehen sie dann gleichberechtigt neben denen zum Bundesverfassungsgericht, und man kann wählen. Aber die meisten gehen nach Karlsruhe.

Auch in Berlin gibt es die Möglichkeit einer Landesverfassungsbeschwerde. § 49 des Gesetzes über den Verfassungsgerichtshof vom 8. November 1990:

> »Jedermann kann mit der Behauptung, durch die öffentliche Gewalt des Landes Berlin in einem seiner in der Verfassung von Berlin enthaltenen Rechte verletzt zu sein, die Verfassungsbeschwerde zum Verfassungsgerichtshof erheben, soweit nicht in derselben Sache Verfassungsbeschwerde zum Bundesverfassungsgericht erhoben ist oder wird.«

Diesen Weg hatten die Anwälte Erich Honeckers gewählt, und sie wußten wohl auch warum. Ihre Chancen waren hier größer als in Karlsruhe, aus drei Gründen. Zum einen hatten die Richter hier eine größere Nähe zum Geschehen, waren besser informiert über den quälenden Gang der Verhandlungen vor der 27. Strafkammer. Zweitens hatte der Vorsitzende des Gerichts, Rechtsanwalt Professor Finkelnburg, im August schon einmal – unabhängig vom Honecker-Prozeß – öffentlich erklärt, er halte nicht viel von Versuchen, die DDR-Vergangenheit juristisch aufzuarbeiten, und meine, eine allgemeine Amnestie sei der beste Weg für ein Zusammenwachsen der beiden deutschen Hälften. Drittens, vielleicht das wichtigste Motiv, das Gericht stand am Anfang seiner Arbeit. Als die Verteidigung Honeckers Ende Dezember die Verfassungsbeschwerde einreichte, war es gerade ein dreiviertel Jahr alt. Mit einer spektakulären Entscheidung konnte man der Welt zeigen, es gibt Verfassungsrichter in Berlin. Und spektakulär war natürlich nur eine zugunsten von Honecker, nicht eine Zurückweisung der Beschwerde.

Am Dienstag, den 12. Januar 1993, zwei Wochen nachdem die Anwälte sie eingereicht hatten, war es soweit. Nun kamen die Meldungen in Rundfunk und Fernsehen. Das Berliner Verfassungsgericht wird heute entscheiden. Am späten Vormittag erscheint Nebenklägervertreter Plöger auf deutschen Bildschirmen und verkündet triumphierend in Sat 1, der Verfassungsgerichtshof habe die Beschwerden von Honeckers Anwälten zurückgewiesen, weil es in der Berliner Verfassung keinen Artikel über die Würde des Menschen gebe, sondern nur im Grundgesetz. Also melden jetzt alle Rundfunk- und Fernsehanstalten, private und öffentliche, zwei Stunden lang: Die Beschwerden sind abgewiesen. Honecker bleibt in Haft. Wer Plöger kennt, wußte, das ist noch keine sichere Nachricht. Er konnte mal wieder etwas falsch verstanden haben. So ist es auch gewesen. Mit dem Kamerateam war er vor das Gerichtsgebäude gezogen, hatte sich in der Geschäftsstelle erkundigt und die Antwort einer Justizangestellten mißverstanden.

Schließlich kommt am frühen Nachmittag die Pressekonferenz des Gerichts. Die Beschlüsse des Landgerichts und des

Kammergerichts werden aufgehoben, weil es gegen die Würde des Menschen verstößt, das Verfahren gegen einen sterbenden Mann weiterzuführen, wenn sicher ist, daß er das Ende des Prozesses nicht mehr erleben wird. Rechtsanwalt Plöger hatte die Bundesrepublik tatsächlich zwei Stunden lang an der Nase herumgeführt. Aber nun, gegen ein Uhr mittags, ist die Sensation perfekt. Honeckers Freilassung ist nur noch eine Frage von ein oder zwei Tagen. Denn das Landgericht ist angewiesen worden, unter Beachtung der Gründe des Verfassungsgerichtshofes unverzüglich neu zu entscheiden.

Die Gründe des Verfassungsgerichtshofes. Sie sind ganz einfach und jeweils dieselben, sowohl für die Aufhebung des einen Beschlusses als auch für die des anderen, obwohl es an sich um unterschiedliche Fragen ging. Erstens Einstellung des Verfahrens und zweitens Fortdauer der Untersuchungshaft. Aber natürlich gab es einen engen Zusammenhang.

Honecker hatte erstens Verfassungsbeschwerde erhoben gegen den Beschluß des Landgerichts vom Montag vor Weihnachten, 21. Dezember, mit dem die Einstellung des Verfahrens abgelehnt worden war. Und zweitens gegen den Beschluß des Kammergerichts vom Montag nach Weihnachten, 28. Dezember, der die Fortdauer der Untersuchungshaft bestätigt hatte, jene merkwürdige Entscheidung mit dem langen *Obiter dictum*, in dem es hieß, es sei falsch, daß das Landgericht das Verfahren nicht eingestellt hätte, denn Honecker würde das Ende des Prozesses sicher nicht mehr erleben, aber da könnten sie nichts machen. Das müsse die 27. Strafkammer selbst entscheiden. Und wegen der Haft? Nun ja. Da hätte das Landgericht nicht Unrecht. Haftfähig sei er ja zur Zeit noch. Also Fortdauer der Untersuchungshaft.

Über diese formalen Bedenken des Kammergerichts setzte sich der Verfassungsgerichtshof hinweg. Wenn das Verfahren eingestellt werden müsse, dann dürfe auch die Untersuchungshaft nicht fortdauern. Und das Verfahren müsse tatsächlich eingestellt werden, weil Honecker nach den dem Kammergericht vorliegenden Gutachten der Ärzte nur noch etwa ein halbes Jahr leben, der Prozeß gegen ihn aber länger dauern würde. Einen Prozeß zu führen gegen jemanden, von dem man weiß, daß er vor dem Urteil stirbt, das verstoße gegen die Würde des Menschen. Das Verfahren könne keinen Sinn haben, wenn man gegen jemanden verhandelt, ohne ein Urteil sprechen zu können. Es sei denn, man wolle ihn gerade damit bestrafen. Das aber sei unzulässig. Denn vor einem Urteil muß jeder Angeklagte wie ein Unschuldiger behandelt werden. Wenn man ihn zum Objekt eines sinnlosen Verfahrens macht, verstößt man gegen die Menschenwürde. Denn sie besteht gerade darin, daß man einen Menschen wie ein Subjekt behandelt, nicht als Objekt, als Mensch und nicht wie eine Sache. Deshalb werden beide Beschlüsse aufgehoben und das Landgericht angewiesen, erstens das Verfahren einzustellen und zweitens den Haftbefehl aufzuheben.

Damit hat der Verfassungsgerichtshof des Landes Berlin in gewisser Weise Rechtsgeschichte gemacht, denn dieser Grundsatz war bisher von einem Gericht der Bundesrepublik noch nicht angewendet worden. Völlig neu ist er allerdings nicht gewesen. Ab und zu war er schon mal aufgetaucht, Anfang der neunziger Jahre, in juristischen Zeitschriften, in Aufsätzen über Prozesse gegen Angeklagte, die an Aids erkrankt sind. Ein Strafrechtler aus Frankfurt, Klaus Lüderssen, hat ihn dann aus Anlaß des Prozesses gegen Erich Honecker in einer kleinen Schrift ausführlich begründet (*Der Staat geht unter – das Unrecht bleibt?* edition suhrkamp, 1992, S.97-106). Und im übrigen waren auch die 27. Strafkammer des Landgerichts Berlin und das Kammergericht – sogar auch die Staatsanwaltschaft – immer davon ausgegangen, der Grundsatz sei richtig. Man dürfe einen Prozeß nicht führen gegen jemanden, für den die ärztliche Prognose sagt, er würde das Ende des Prozesses nicht mehr erleben. Das widerspräche der Würde des Menschen. Nur waren Landgericht und Staatsanwaltschaft bisher der Meinung, die ärztlichen Prognosen seien noch nicht sicher. Erst das Kammergericht hat die Gutachten der Ärzte anders bewertet, sah sich aber aus formalen Gründen nicht in der Lage, das Verfahren einzustellen. Das sei Sache des Landgerichts.

Das war der Stand der Dinge, als der Verfassungsgerichtshof eingriff. Er ist deswegen sofort, wiederholt und heftig kritisiert worden. Sehr schnell meldeten sich die Meinungsführer des deutschen Staatsrechts in den Tageszeitungen zu Wort. Rupert Scholz, *Die Welt*, 14. Januar. Roman Herzog, *Süddeutsche Zeitung*, 6. Februar. Klaus Stern, *Berliner Tagesspiegel*, 11. März. Karl August Bettermann, *Frankfurter Allgemeine*, 18. März. Alle ablehnend. Dann kommen die Aufsätze in den juristischen Fachzeitschriften. Auch das gehört dazu. Nach 1993 sind es insgesamt elf, davon acht ablehnend, drei zustimmend. Allerdings sagt niemand, der Grundsatz sei falsch. Letztlich erkennen sie ihn alle an, stillschweigend oder ausdrücklich. Aber die Kritiker meinen, das Gericht hätte so etwas gar nicht entscheiden dürfen. Aus formalen Gründen. Warum nicht? Im wesentlichen sind es drei. Erstens sei die Würde des Menschen von der Berliner Verfassung nicht garantiert. Nur an ihr dürfe sich ein Landesverfassungsgericht orientieren. Zweitens gehöre der Grundsatz über Prozesse gegen Sterbende in die Strafprozeßordnung. Das sei Bundesrecht und darüber können Landesverfassungsgerichte nicht urteilen, sondern nur über Landesrecht. Und drittens habe der Verfassungsgerichtshof übersehen, daß es noch mehrere Möglichkeiten gegeben hätte, den Prozeß zu verkürzen. Man hätte also doch noch vor dem Tode Honeckers fertig werden können.

In der Tat, das mit der Würde des Menschen war ein Problem. Die Berliner Verfassungsrichter haben sich dazu aber ausführlich geäußert. Ich meine, überzeugend und souverän:

»Die Verfassung von Berlin enthält ein Grundrecht auf Unantastbarkeit der Würde des Menschen. Zwar findet sich in dem geschriebenen Text der Verfassung von Berlin keine Art. 1 Abs. 1 des Grundgesetzes entsprechende Gewährleistung der Menschenwürde und keine ausdrückliche Verpflichtung der staatlichen Gewalt, die Würde des Menschen zu achten und zu schützen. Die Verfassung des Gliedstaates eines Bundesstaates ist jedoch, wie das Bundesverfassungsgericht wiederholt ausgesprochen hat, nicht in der Verfassungsurkunde, dem geschriebenen Verfassungstext, allein enthalten. In sie hinein wirken vielmehr auch Bestimmungen der Bundesverfassung. Erst beide Elemente zusammen, die Verfassungsurkunde und die in sie hineinwirkenden Bestimmungen der Bundesverfassung, machen die Verfassung des Gliedstaates aus.

Zu den grundlegenden, die Bundesrepublik Deutschland konstituierenden Bestimmungen des Grundgesetzes gehört Art.1 Abs.1. Indem er die Würde des Menschen für unantastbar erklärt und die staatliche Gewalt dazu verpflichtet, die Würde des Menschen zu achten und zu schützen, stellt er die Menschenwürde in den Mittelpunkt der grundrechtlichen Wertordnung, erhebt er sie zum obersten Wert im System der Grundrechte. Dem entspricht es, daß Art. 79 Abs. 3 GG auch Art.1 GG für unabänderbar erklärt. Art.1 Abs.1 GG gehört deshalb zu den Bestimmungen des Grundgesetzes, die in die Landesverfassungen hineinwirken und so zu einem konstitutiven Element der verfassungsmäßigen Ordnung in den Ländern werden. Dieser Erwägungen bedarf es allerdings nicht, wenn eine Landesverfassung, wie die Verfassungen von Baden-Württemberg, Bayern, Bremen, Hessen, Nordrhein-Westfalen, dem Saarland und Brandenburg sowie der Vorspruch der Verfassung von Rheinland-Pfalz das Bekenntnis zur Menschenwürde ausdrücklich in den Wortlaut der Verfassungsurkunde aufgenommen hat. Fehlt es hingegen, wie in der Verfassung von Berlin, an einer ausdrücklichen Aufnahme in den Wortlaut der Verfassungsurkunde, (...) ist die Gewährleistung der Menschenwürde ein ungeschriebener Verfassungsgrundsatz und die Pflicht der staatlichen Gewalt, die Würde des Menschen zu achten und zu schützen, eine ungeschriebene Verfassungspflicht, die die Landesverfassung der staatlichen Gewalt des Landes Berlin auferlegt.

Im übrigen lassen sich der Verfassung von Berlin gewichtige Anhaltspunkte dafür entnehmen, daß sie, wenn auch ohne ausdrückliche Erwähnung, die Würde des Menschen als obersten Wert im System der Grundrechte ansieht. Die Verfassung von Berlin gewährt u.a. die Freiheit der Person (Art.9), die Gleichheit vor dem Gesetz (Art.6), das Recht der freien Meinungsäußerung (Art.8), der Freizügigkeit (Art.11) und die Glaubensfreiheit (Art.20 Abs.1). Die diesen Grundrechten entsprechenden Grundrechte des Grundgesetzes werden vom Bundesverfassungsgericht im Zusammenhang mit der Menschenwürde gesehen. Das

Menschenbild, das den vorgenannten Grundrechten der Verfassung von Berlin zugrunde liegt, ist das eines Menschen, dessen Würde unantastbar ist und dessen persönliche Freiheit, dessen Freiheit der Meinungsäußerung, des Glaubens, dessen Freizügigkeit und dessen Recht auf Gleichbehandlung deshalb unter den Schutz der Verfassung gestellt sind. Kurt Landsberg, der an der Entstehung der Verfassung von Berlin maßgebend beteiligt war, weist darauf hin, daß die von der Verfassung von Berlin gewährten Menschen- und Freiheitsrechte ›von der Würde und der Unverletzlichkeit des Individuums‹ ausgehen. Otto Suhr, ebenfalls einer der ›Väter der Verfassung von Berlin‹, betonte anläßlich der Zweiten Beratung der Verfassung in der 60. Sitzung der Stadtverordnetenversammlung am 22. März 1948, die Grundrechte in der Berliner Verfassung hätten die Aufgabe, zur Achtung vor der Würde des Menschen zu erziehen. (...) Nicht ohne Grund spricht deshalb die Verfassung von Berlin wiederholt von dem ›Geist der Verfassung‹ (...) und meint damit ersichtlich mehr als die Summe ihres Wortlauts. Rassenhetze und Bekundung nationalen oder religiösen Hasses widersprechen dem Geist der Verfassung, heißt es in Art. 20 Abs. 2 VvB. Sie widersprechen ihm, weil sie unvereinbar sind mit einem Menschenbild, das von dem Bekenntnis zur Menschenwürde geprägt ist.

Die Verfassung von Berlin enthält mithin, abgeleitet einerseits aus dem in die Verfassung hineinwirkenden grundgesetzlichen Bekenntnis zur Achtung der Menschenwürde, abgeleitet andererseits aber aus dem den Grundrechten der Verfassung von Berlin zugrunde liegenden Menschenbild, als ungeschriebenen Verfassungssatz das Bekenntnis zur Menschenwürde und die Verpflichtung aller staatlichen Gewalt, die Würde des Menschen zu achten und zu schützen.«

Natürlich kann man auch sagen, das überzeugt nicht. Oder: Warum hier die doppelte Begründung mit dem »Hineinwirken« und dann auch noch aus dem »Geist der Verfassung«? oder: Das ist doch alles überflüssig und dient nur zur Legitimation der eigenen Kompetenz. So ist es zu lesen in acht der elf Abhandlungen. Aber ohne Zweifel ist es eine juristisch gut vertretbare Meinung.

Der zweite betrifft die Prüfungskompetenz. Darf ein Landesverfassungsgericht Entscheidungen von Landesgerichten überprüfen, die auf Bundesrecht beruhen? Ein weites Feld. Der Berliner Verfassungsgerichtshof geht auf ihm noch etwas weiter als der bayerische oder der hessische, kann sich aber stützen auf maßgebliche Stimmen in der Literatur zur Landesverfassungsgerichtsbarkeit, zum Beispiel auf die des Grafen Pestalozza, der das wichtigste Lehrbuch geschrieben hat zum Verfassungsprozeßrecht. Er ist auch der Verfasser eines der beiden Aufsätze, die der Entscheidung 55/92 – das ist das Aktenzeichen des Honecker-Beschlusses – zustimmen und hält das, was das Gericht hier zur Prüfungskompetenz sagt, für »gut vertretbar«. Der kluge Student sagt immer, es kommt drauf an. Hier kommt es eben darauf an, wie man sich ganz allgemein verhält zum Föderalismus der Bundesrepublik, ob man lieber die Länder etwas stärker sieht oder die Zentralinstanz. Ob man auch mal einige regionale Unterschiede in Kauf nehmen will oder alles ganz einheitlich. Acht von elf Stimmen in der Beurteilung des Beschlusses 55/92 sprachen zentralistisch. Der Verfassungsgerichtshof des Landes Berlin entschied sich dezentral, föderalistisch. Das ist sein gutes Recht und sogar ziemlich souverän für ein so junges Gericht. Denn es war doch klar, daß es einen Aufschrei der Empörung geben würde.

Schließlich der Vorwurf, das Verfassungsgericht hätte sich nicht ausreichend Gedanken gemacht über die Länge des Strafverfahrens gegen den Staatsratsvorsitzenden. Man hätte es abkürzen können, sei es durch Abtrennung von den Verfahren gegen die übrigen Mitglieder des Nationalen Verteidigungsrates, durch weitere Reduzierung der Anklage auf noch weniger Todesfälle, durch Vermehrung der Verhandlungstage und notfalls auch dadurch, daß Nebenklägervertreter Plöger auszuschließen gewesen wäre wegen Prozeßverschleppung. In der Tat hat er mit seinen Zirkusnummern einen guten Teil der Zeit vergeudet, die dem Gericht zur Verfügung stand. Aber was sind das für Argumente? Sind sie nicht Ausdruck ratloser und rastloser Verfolgungssucht? Man kann auch alles übertreiben. Wenn schon ein normaler Prozeß nicht mehr möglich ist, dann wenigstens einer mit achtzig Sachen? Ganz abgesehen davon, daß die andere Geschwindigkeit sich ebenfalls erhöht hätte, nämlich das Wachsen des Tumors in der Haft, und es wäre eher notwendig gewesen, die Sitzungstage zu reduzieren im Laufe der Zeit.

Alles in allem, schlecht ist er also nicht gewesen, der Beschluß 55/92. Im Gegenteil. Eine richtige und gute Lösung. Wenn man nicht doch noch einmal zu sprechen kommen müßte auf Geschwindigkeiten. Nämlich die Eile, die der Verfassungsgerichtshof selbst an den Tag gelegt hat, so daß er schon am Dienstag fertig war, obwohl die 27. Strafkammer am Donnerstag über eben diese Frage noch einmal verhandeln und entscheiden wollte. Wer zuerst kommt, mahlt zuerst? So scheint es wohl doch gewesen zu sein. Die Verfassungsbeschwerde war eingelegt am 29. Dezember. Der Verfassungsgerichtshof hat entschieden am 12. Januar. Das sind gerade mal zwei Wochen, und zwischendurch mußte den Gerichten und der Staatsanwaltschaft auch noch Gelegenheit gegeben werden zur Stellungnahme.

Auf der anderen Seite, es hätte wieder ein unwürdiges Gezerre gegeben an jenem Donnerstag, den 14. Januar 1993. Nebenklägervertreter Plöger hatte schon angekündigt, er würde in Begleitung erscheinen. Von zehn medizinischen Sachverständigen war die Rede, und Professor Hackethal war auch dabei. Der mit dem Fuchsbandwurm. Außerdem hätte das Gericht an diesem Donnerstag sicherlich nicht entscheiden können, auch nicht bei einer Verhandlung bis in den Abend wie damals am Montag vor Weihnachten. Natürlich hätte Nebenklägervertreter Plöger sämtliche Richter für befangen erklärt, und darüber hätte erst wieder eine andere Kammer entscheiden müssen. Und ob es dann möglich gewesen wäre am nächsten Montag, das war durchaus eine offene Frage. Also ist die schnelle Entscheidung des Verfassungsgerichts eine vernünftige Lösung gewesen.

Es ist durchaus möglich, daß sie sich beeilt haben, um diesem unwürdigen Schauspiel ein Ende zu bereiten, nach dem »Geist der Verfassung«.

Literatur

Der Beschluß 55/92 ist im vollen Wortlaut veröffentlicht in: *Neue Juristische Wochenschrift*, 1993, S. 515ff.; *Juristenzeitung*, 1993, S. 259ff.; *Deutsches Verwaltungsblatt*, 1993, S. 368ff.; *Neue Justiz*, 1992, S. 128ff.

Die acht ablehnenden Aufsätze im ersten halben Jahr danach: Starck, *Juristenzeitung*, 1993, S. 221ff.; Schoreit, *Neue Juristische Wochenschrift*, 1993, S. 881ff.; Wilke, *Neue Juristische Wochenschrift*, 1993, S. 887ff.; Wassermann, *Neue Juristische Wochenschrift*, 1993, S. 1567ff.; Löwer, *Sächsische Verwaltungsblätter*, 1993, S. 73ff.; Bartlsperger, *Deutsches Verwaltungsblatt*, 1993, S. 333ff.; Berkemann, *Neue Zeitschrift für Verwaltungsrecht*, 1993, S. 409ff.; Meurer, *Juristische Rundschau*, 1993, S. 89ff.

Die drei zustimmenden: Paeffgen, *Neue Justiz*, 1993, S. 152ff.; Pestalozza, *Neue Zeitschrift für Verwaltungsrecht*, S. 340ff.; Koppernock und Staechelin, *Strafverteidiger*, 1993, S. 433ff.

10. Wie es weiterging

Der Beschluß des Landesverfassungsgerichts ist am Dienstag verkündet worden, 12. Januar 1993, vormittags. Die Beschlüsse des Landgerichts vom 21. Dezember und des Kammergerichts vom 28. Dezember 1992 wurden aufgehoben, und »Die Sache wird an das Landgericht zurückverwiesen«. In den Gründen schreibt der Verfassungsgerichtshof:

> »Erweist sich die Verfassungsbeschwerde gegen eine gerichtliche Entscheidung als begründet, hebt der Verfassungsgerichtshof gemäß § 54 Abs. 3 Verfassungsgerichtshofsgesetz die Entscheidung auf. Er ist nicht berechtigt, anstelle der Strafkammer oder des Kammergerichts in der Sache zu entscheiden. Die Sache wird in entsprechender Anwendung des § 95 Abs. 2 Bundesverfassungsgerichtsgesetz an das Landgericht Berlin zurückverwiesen. Die Strafkammer wird nunmehr unter Beachtung der vorstehend dargestellten verfassungsrechtlichen Rechtslage unverzüglich erneut über die Anträge des Beschwerdeführers auf Aufhebung des Haftbefehls und Einstellung des Strafverfahrens zu entscheiden haben.«

Was ein solcher Beschluß des Verfassungsgerichtshofes für das Landgericht bedeutet und wie es zu entscheiden hatte, kann man in § 30 des Gesetzes über den Verfassungsgerichtshof von Berlin nachlesen:

> »Die Entscheidung des Verfassungsgerichtshofes binden Verfassungsorgane sowie alle Gerichte und Behörden des Landes Berlin.«

Damit war eine klare Linie vorgezeichnet. Die 27. Strafkammer mußte zusammentreten, das Verfahren einstellen und den

Haftbefehl gegen Erich Honecker aufheben. Dann war er frei und konnte gehen, wohin er wollte. Man wußte, er wollte nach Chile zu Frau und Tochter.

Was sich so einfach anhört, wurde außerordentlich kompliziert. Hinter den Kulissen begann ein erbitterter Kampf gegen die Verwirklichung des Beschlusses. Ein erbitterter Kampf, an dem nicht nur Staatsanwaltschaft und Nebenklägervertreter Plöger beteiligt waren, sondern auch ein vom Gericht bestellter ärztlicher Gutachter und die Senatorin für Justiz, obwohl Landesregierung und Staatsanwaltschaft nach § 30 an den Beschluß des Verfassungsgerichtshofes gebunden waren. Ein erbitterter Kampf, der nach außen als verwirrende Geschichte erschien, die ein normaler Mensch überhaupt nicht mehr verstehen konnte. Er endete am späten Abend des nächsten Tages, 13. Januar 1993, Mittwoch, mit der Niederlage der Gegner des Beschlusses und mit der Ausreise Erich Honeckers ins Exil nach Chile.

Zunächst lief alles wie vorgesehen. Der Beschluß war am Mittag des 12. Januar verkündet worden, und am Nachmittag kam die 27. Strafkammer zusammen, stellte das Verfahren ein und hob den Haftbefehl auf, einfach so, ohne weitere Begründung, nur mit dem Hinweis auf § 30 des Gesetzes über den Verfassungsgerichtshof. Ein sogenannter Beschluß in nichtöffentlicher Sitzung, nach längerer Beratung, mit einem schwierigen juristischen Problem, wie sich noch zeigen sollte. An sich hätte Honecker noch am selben Abend freigelassen werden können.

Wurde er aber nicht. Denn die Staatsanwaltschaft hatte dagegen seit langem eine Sicherung eingebaut, in Gestalt eines zweiten Strafverfahrens gegen Honecker: wegen Veruntreuung von Staatsgeldern für die Prominentensiedlung in Wandlitz. Die Anklage war zugelassen und der Haftbefehl ergangen. Es gab also noch einen zweiten, und den konnte die 27. Strafkammer nicht aufheben. Er kam nicht von ihr, sondern von der 14., obwohl es derselbe Angeklagte mit demselben Anfangsbuchstaben war. Die 27. Strafkammer behandelt nur Schwurgerichtssachen, Mord und Totschlag. Die 14. ist zuständig für alles andere. Sie kann am Dienstag nicht mehr zusammentreten. Die Richter sind nicht alle da. Die Staatsanwaltschaft hat Zeit gewonnen.

Die 14. Strafkammer entscheidet am nächsten Morgen, Mittwoch, 13. Januar. Das Verfahren wird eingestellt und der Haftbefehl aufgehoben. Zwanzig Minuten nach zehn steht der Pressesprecher des Gerichts vor der Tür, auf der Straße drängeln sich Journalisten und Kameras. »Auch der zweite Haftbefehl ist aufgehoben«, sagt er freundlich. »Die Entlassung Honeckers ist frühestens in zwei Minuten möglich.« Alle laufen auf die andere Seite des Kriminalgerichts zum Eingang des Untersuchungsgefängnisses. Die Straße ist bald fast völlig blockiert durch Aufnahmewagen von Rundfunk- und Fernsehgesellschaften aus aller Welt. Sie müssen fünf Stunden waren. Inzwischen tobt der Kampf hinter den Kulissen.

Er begann schon am Abend vorher. Am Dienstag nachmittag hätte Erich Honecker an sich von einem weiteren ärztlichen Gutachter untersucht werden sollen, den die 27. Strafkammer bestellt hatte, auf Antrag von Nebenklägervertreter Plöger für die Verhandlung am nächsten Donnerstag. Das war der Termin, an dem das Gericht von sich aus – ohne den Verfassungsgerichtshof – entscheiden wollte über Einstellung oder Nichteinstellung des Verfahrens. Der Verfassungsgerichtshof war ihm zuvorgekommen, die Richter stellten das Verfahren schon am Dienstag nachmittag ein. Einer von ihnen rief diesen Gutachter an und sagte ihm, die Grundlage für den Auftrag sei entfallen. Er brauche sich nicht mehr zu bemühen. Professor Neuhaus, Freie Universität Berlin, anerkannter Spezialist für Leberchirurgie, wollte aber trotzdem. Er ging ins Haftkrankenhaus, sprach mit dem Leiter und fragte, ob er mit Honecker wenigstens privat sprechen könne. Aus den Krankenberichten hätte er den Eindruck, man könne den Leberkrebs mit guten Chancen operieren. Gut, sagte der Leiter, aber nur unter ärztlicher Schweigepflicht, ging zum Staatsratsvorsitzenden, und der meinte, er hätte nichts dagegen, wenn Professor Neuhaus als privater Arzt komme und zum Schweigen verpflichtet sei. Eine Stunde war der Mediziner bei ihm, unterhielt sich mit ihm, untersuchte ihn nicht, kam aber zu dem Ergebnis, diesen Krebs könne man ohne Gefahr operieren. Erich Honecker meinte, das hätte ihm so noch niemand gesagt, lehnte aber wohl ab.

Professor Neuhaus trug schwer an seiner ärztlichen Schweigepflicht und setzte sich schließlich über sie hinweg. Er hatte wie viele andere das Gefühl, es sei nicht richtig, wenn dieser Mann das Land so mir nichts dir nichts verlassen könne. Das Gefühl siegte über die Schweigepflicht. Er rief den Innensenator an, Dieter Heckelmann, CDU, in dem er einen Gesinnungsgenossen vermuten konnte. Doch der war klug und verwies ihn an die Justizsenatorin, Jutta Limbach, SPD. Professor Neuhaus ruft an am Mittwoch früh. Man könne operieren und das Verfahren fortsetzen. Sie zeigt sich sehr interessiert. Ist nämlich auch empört über den Beschluß des Verfassungsgerichts. Er solle das schnell den Richtern der 27. Strafkammer zu bedenken geben, ärztliche Schweigepflicht hin und Bindung der Senatorin an Entscheidungen des Gerichtshofes her. Und dann ruft sie selbst die Staatsanwaltschaft an.

Die war ohnehin schon tätig, hatte an diesem Mittwoch morgen Beschwerde eingelegt gegen den Beschluß der 27. Strafkammer, dort die Akten abgeholt und sofort ins Kammergericht getragen. Nach dem Anruf von Frau Limbach beantragen die Staatsanwälte einen neuen Haftbefehl. Die 27. Strafkammer setzt sich wieder zusammen und entscheidet, es bleibt, wie es ist:

»Die Kammer ist heute gegen 10.45 Uhr telefonisch durch Herrn Professor Dr. Neuhaus von folgendem unterrichtet worden:

Er habe gestern die Krankenunterlagen des Angeklagten ausgewertet und sei zu dem Ergebnis gekommen, daß zwar ein bösartiger Tumor vorliege, dieser jedoch technisch operabel sei, und zwar mit relativ guten Chancen. Die Schwierigkeiten bei früheren Operationen des Angeklagten seien seiner Meinung nach auf Fehler bei der Narkose zurückzuführen, da die übrigen Organe des Angeklagten durchaus funktionsfähig seien. Er habe gestern abend in einem ungefähr einstündigen Gespräch den Angeklagten davon unterrichtet. Dieser habe sich erstaunt gezeigt und erklärt, das habe ihm zuvor noch kein Arzt mitgeteilt. Äußerungen des Angeklagten über eine eventuelle Absicht, sich einer Operation zu unterziehen, teilte Herr Professor Dr. Neuhaus nicht mit.

Dem steht gegenüber, daß die Erfolgsaussichten einer Operation von allen bisher dazu gehörten medizinischen Sachverständigen als gering und der Eingriff angesichts des hohen Alters und der Vorerkrankungen des Angeklagten als äußerst risikoreich bezeichnet worden sind. der Kammer liegt die schriftliche Äußerung des Angeklagten vom 11.1.1993 vor, in der er ausdrücklich erklärt, daß er ›einer (...) Operation (...) definitiv nicht zustimme‹. Eine gegenteilige Äußerung des Angeklagten ist der Kammer nicht bekanntgeworden. Der Angeklagte hätte zu einem Widerruf seiner Erklärung vom 11.1.1993 beispielsweise in einem Gespräch Gelegenheit gehabt, das der Richter am Landgericht Abel heute gegen 9.45 Uhr im Haftkrankenhaus mit ihm – wenn auch zu einem anderen Thema – geführt hat. Die Kammer sieht in diesem für sie nachvollziehbaren Verhalten keine eigenmächtige Weigerung des Angeklagten, sich in verhandlungsfähigem Zustand zu erhalten. Aus den genannten Gründen hat die Kammer auch nicht dem telefonischen Antrag der Staatsanwaltschaft bei dem Kammergericht vom heutigen Tage auf Erlaß eines neuen Haftbefehls entsprochen.«

Draußen vor dem Untersuchungsgefängnis spielt die Justiz mit den Medien. Wie verwirre ich am besten möglichst viele Journalisten? Um elf rollt ein vergitterter Transporter aus dem Tor. Drinnen sitzt ein anderer. Um halb zwölf kommt ein Mercedes. Drinnen hebt jemand die Faust wie Erich Honecker beim Verlassen der chilenischen Botschaft in Moskau, ist es aber auch nicht. Kurz nach drei Uhr nachmittags fahren zwei Wagenkonvois aus der Pforte, sehr schnell. Alles hinterher. Auf der Autobahn merken die Journalisten, daß sie in die Irre geführt worden sind. Inzwischen hat man Honecker unbemerkt in die Polizeikaserne Schulzendorf gebracht und einige Zeit später zum Flughafen Tegel.

Am Nachmittag berät der 4. Strafsenat des Kammergerichts über die Beschwerden von Staatsanwaltschaft und Nebenklage.

Erich Honecker sitzt in einem Raum des Flughafens, als ihm zwei Blatt Papier gebracht werden. Die Entscheidung des Kammergerichts. Er muß den Empfang quittieren, liest, daß der Beschluß der 27. Strafkammer, das Verfahren gegen ihn einzustellen, vom Kammergericht aufgehoben worden sei. Keine Begründung. Er gerät in Panik, weil er meint, er müsse wieder zurück. Liest aber auch, daß die Aufhebung des Haftbefehls vom Kammergericht bestätigt worden ist, und versteht gar nichts mehr. Wie viele andere auch. Inzwischen laufen die Vorbereitungen für seine Ausreise weiter, denn entscheidend ist die Aufhebung des Haftbefehls. Er ist zwar immer noch ein Angeklagter, aber nicht mehr in Haft, und zwar ohne Auflagen. Also darf er auch ins Ausland. Um acht Uhr abends verläßt er Berlin, fliegt nach Frankfurt und von dort über São Paulo nach Santiago de Chile. Einen Tag später, Donnerstag, 14. Januar 1993, wird er empfangen von seiner Frau, seiner Tochter, dem Schwiegersohn, zwei Enkelkindern und Vertretern der Kommunistischen und Sozialistischen Partei Chiles, sagt kurz, er sei froh, seine »geliebte Frau und tapfere Genossin« wiederzusehen, und fährt in eine Privatklinik, wo er untersucht wird. Der Prozeß gegen ihn war noch nicht zu Ende, und er war immer noch ein Angeklagter. Aber er mußte jetzt nur noch das Urteil der Geschichte fürchten. Vor dem der 27. Strafkammer brauchte er keine Angst mehr zu haben.

Die 27. Strafkammer. Warum hat das Kammergericht ihre Entscheidung, das Verfahren einzustellen, aufgehoben? Und warum hat es die Aufhebung des Haftbefehls bestätigt? Für Juristen ist das ziemlich einfach zu erklären, nicht so leicht für andere. Es geht um den Unterschied zwischen einem Beschluß und einem Urteil. Die 27. Strafkammer hatte durch Beschluß entschieden. Sie hätte aber über die Einstellung des Verfahrens mit einem Urteil entscheiden müssen. Die Aufhebung des Haftbefehls war in Ordnung. Das macht man mit einem Beschluß. Es ging also nur um Formalitäten.

Der Unterschied zwischen einem Urteil und einem Beschluß? Ein Beschluß kann in einer internen Sitzung des Gerichts ergehen und ist dann schon wirksam. Außerdem brauchen die Schöffen nicht dabei zu sein. Es genügt, wenn die Berufsrichter entscheiden, denn ein Beschluß betrifft Verfahrensfragen, die mit der endgültigen Entscheidung über Schuld oder Unschuld nicht unmittelbar zu tun haben, zum Beispiel Beweisanträge, Ablehnung von Richtern wegen Befangenheit oder eben die Untersuchungshaft, die ihren eigentlichen Grund in Flucht- oder Verdunkelungsgefahr hat. Das alles hat nichts zu tun mit der Frage, ob der Angeklagte verurteilt wird oder nicht. Sie wird im Urteil entschieden. Am Urteil müssen die Schöffen mitwirken, und es wird erst wirksam, wenn es in öffentlicher Sitzung verkündet worden ist. Es entscheidet über Schuld oder Unschuld des Angeklagten. Er wird verurteilt oder freigesprochen. Das Ende des Prozesses.

Die Einstellung eines Verfahrens steht etwa in der Mitte. Auch mit ihr wird ein Prozeß beendet, aber nicht, weil sich die Schuld oder Unschuld erwiesen, sondern weil sich ein Verfahrenshindernis ergeben hat. Das ist ein rein formaler Grund dafür, daß ein Prozeß nicht fortgeführt werden kann. Zum Beispiel, wenn der Angeklagte verhandlungsunfähig wird, eine Amnestie verkündet worden oder Verjährung eingetreten ist. Die Einstellung steht also in der Mitte zwischen weniger wichtigen Fragen, über die man durch Beschluß entscheidet, und den wichtigen, mit denen der Prozeß beendet wird. Deshalb gibt es dafür in der Strafprozeßordnung zwei Vorschriften. In einigen Fällen kann man über die Einstellung mit einem Beschluß entscheiden, in anderen nur durch Urteil. Im Grunde ist es ganz einfach. Vor der öffentlichen Verhandlung wird über die Einstellung des Verfahrens durch Beschluß entschieden. Hat schon eine stattgefunden, muß es ein Urteil sein. Vor der öffentlichen Verhandlung, das heißt, wenn das Gericht die Anklage schon zugelassen, aber noch nicht in öffentlicher Sitzung mündlich verhandelt hat. Dann genügt ein Beschluß. Das steht in § 206a der Strafprozeßordnung:

»Stellt sich nach Eröffnung des Hauptverfahrens ein Verfahrenshindernis heraus, so kann das Gericht außerhalb der Hauptverhandlung das Verfahren durch Beschluß einstellen.«

Der andere Fall ist in § 260 der Strafprozeßordnung geregelt, in Absatz 1 das normale Urteil, Strafe oder Freispruch, und in Absatz 3 die Einstellung:

>Die Einstellung des Verfahrens ist im Urteil auszusprechen, wenn ein Verfahrenshindernis besteht.«

Da es in Absatz 1 heißt, »Die Hauptverhandlung schließt mit der (...) Verkündung des Urteils«, ist klargestellt, daß § 260 allgemein gelten soll, wenn die Hauptverhandlung stattgefunden hat, in öffentlicher Sitzung. Mit Erich Honecker hatte sie schon zwei Monate stattgefunden. Eigentlich hätten die Richter also das Verfahren durch Urteil einstellen müssen, nach Beratung mit den Schöffen und öffentlich verkündet in der nächsten Sitzung am nächsten Donnerstag, 14. Januar, in Anwesenheit des Angeklagten. Erst dann wäre er frei gewesen. Statt dessen haben sie es mit einem Beschluß gemacht. Deshalb ist er vom Kammergericht aufgehoben worden. Nur aus diesem Grund. Es war eine Formalität.

Es stellen sich zwei Fragen. Warum, erstens, haben die Richter der 27. Strafkammer diesen formalen Fehler gemacht? Und, zweitens, wie kam man aus dem Schlamassel wieder heraus, nachdem Honecker nach Chile geflogen war und zu einer öffentlichen Sitzung mit Urteilsverkündung nicht mehr erscheinen würde?

Zum ersten: Warum haben die Richter den Fehler gemacht? Die Antwort ist eine neue Frage. War es überhaupt einer? Man kann verschiedener Meinung sein. Es war ja nicht so, daß die Richter den Unterschied nicht gekannt oder übersehen hätten zwischen § 206a und § 260 Absatz 3. Sie haben nur gemeint, diesmal würde es ausnahmsweise möglich sein, nach § 206a mit Beschluß einzustellen. Einen Monat später, als die schriftliche Begründung kam für die Entscheidung des Kammergerichts vom 13. Januar, haben auch die Richter dieses Gerichts angedeutet, ein Beschluß sei vielleicht doch nicht so falsch gewesen:

>Der Senat hat seine Entscheidung in Unkenntnis der Tatsache erlassen, daß die Abreise des Angeklagten nach Chile unmittelbar bevorstand. Er ist auch nicht davon

unterrichtet worden, daß die notwendigen Paß- und Ausreiseformalitäten bereits erledigt waren, so daß er angenommen hat, die Durchführung einer nur kurzen Hauptverhandlung lediglich zum Zweck der Verfahrenseinstellung entsprechend der Vorschrift des § 260 III StPO, auf die er bereits in seinem Beschluß vom 28.12.1992 hingewiesen hatte, sei noch möglich.«

Man kann nämlich der Meinung sein, daß ein Urteil mit Beteiligung der Schöffen in diesem besonderen Fall überflüssig gewesen ist. Es gab keinen Spielraum mehr. Die Entscheidung des Landesverfassungsgerichts war bindend. Und die Beteiligung von Laienrichtern an bloßen Formalitäten ist nicht notwendig. Diese Meinung wird inzwischen auch in der juristischen Literatur vertreten (Hohmann, *Neue Justiz*, 1993, S.295).

Letztlich wird für die 27. Strafkammer noch eine andere Überlegung ausschlaggebend gewesen sein, ähnlich wie für den Verfassungsgerichtshof. Vor der Urteilsverkündung hätte es in der öffentlichen Sitzung am darauffolgenden Donnerstag ein fürchterliches Gerangel gegeben. Es war zu erwarten, daß Staatsanwaltschaft und Nebenklägervertreter Plöger alles versucht hätten, um noch etwas Zeit zu gewinnen. Die Geschichte mit Professor Neuhaus und Senatorin Limbach deutete das schon an. Plöger hatte ja angekündigt, er werde mit zehn medizinischen Gutachtern erscheinen. Außerdem gab es noch die Möglichkeit der Ablehnung des ganzen Gerichts wegen Befangenheit. Darüber hätte eine andere Strafkammer entscheiden müssen, und dadurch wäre die Verkündung des Urteils vor Montag nicht möglich gewesen. Es war mit Sicherheit zu erwarten, daß er dies tun und vielleicht sogar – mit anderer Begründung – am Montag wiederholen würde. Die Peinlichkeiten des Prozesses waren ohnehin schon groß genug und Plögers Phantasie unerschöpflich. Natürlich müssen die Richter daran gedacht haben, als sie am Dienstag zusammensaßen. Also war es keine schlechte Entscheidung, gleich einen Beschluß zu erlassen, statt mit einem Urteil bis zum Donnerstag zu warten.

Zweite Frage: Wie kam man aus dem Dilemma wieder heraus? In der schriftlichen Begründung seines Beschlusses vom 13. Januar 1993 hat das Kammergericht einen Monat später den Weg gewiesen. Man braucht nur alle Fristen verstreichen zu lassen. Dann ist eine öffentliche Sitzung nicht mehr möglich, kann ein Urteil nicht mehr verkündet und muß wieder durch Beschluß entschieden werden. Es gibt nämlich Fristen für die Unterbrechung von Verhandlungen in Strafprozessen. Länger als dreißig Tage darf eine Pause nicht sein. Spätestens nach dreißig Tagen muß man weitermachen. Andernfalls muß der Prozeß eingestellt werden, weil die Richter nicht mehr den notwendigen zusammenhängenden Überblick haben. Damit will man verhindern, daß Prozesse sich endlos in die Länge ziehen. § 229 der Strafprozeßordnung.

So hat es die 27. Strafkammer gemacht. Zunächst war Honecker noch einmal geladen worden für den 8. Februar 1993 zur Verkündung des Einstellungsurteils. Dann wurde der Termin aufgehoben, weil er aus gesundheitlichen Gründen nicht kommen konnte. Und schließlich ist im April noch einmal nach § 206a entschieden worden, durch Beschluß. Einstellung des Verfahrens nach § 30 des Gesetzes über den Verfassungsgerichtshof von Berlin, und zwar durch Beschluß, weil die Verkündung eines Urteils in öffentlicher Verhandlung wegen Fristablaufs nach § 229 der Strafprozeßordnung nicht mehr möglich war. Weder Staatsanwaltschaft noch Rechtsanwalt Plöger legten Beschwerde ein, und nun war das Verfahren gegen Erich Honecker endgültig zu Ende. Mitte April 1993.

Im Nachspiel zu dem Theater der Abreise des Staatsratsvorsitzenden traten mehrere Darsteller auf, nicht nur die Richter mit diesem Kabinettstück juristischer Spiegelfechterei. Auch die Justizsenatorin erschien noch einmal auf der Bühne, obwohl sie lieber hinter den Kulissen geblieben wäre. Ihr Auftritt begann – noch unsichtbar – mit einer Presseerklärung des Berliner Generalstaatsanwalts zum Beschluß des Verfassungsgerichtshofs. Der hatte ihm gar nicht gefallen und er meinte, wörtlich, es sei »geradezu absurd«, dem Landgericht und dem Kammergericht Verletzung von Menschenrechten vorzuwerfen und deswegen ihre Entscheidungen aufzuheben.

Das verlor sich zunächst in der Zahl ähnlicher Kommentare, bis bekannt wurde, daß seine Senatorin dahintersteckte, die die Erklärung im wesentlichen formuliert und vorher sogar einen Protest sämtlicher Berliner Gerichtspräsidenten vorgeschlagen hatte. Was von diesen aber abgelehnt worden war. Das ging dann wohl doch etwas zu weit mit § 30 des Verfassungsgerichtshofsgesetzes und seiner bindenden Wirkung für Verfassungsorgane und Gerichte. Frau Limbach versuchte zunächst, das Ganze herunterzuspielen, gab aber bald alles zu und auch, daß es ein Fehler gewesen sei. Eine gute Figur hat sie nicht gemacht in einer Sitzung des Rechtsausschusses im Abgeordnetenhaus, die dazu einberufen worden war. Und als sie dachte, sie hätte schon alles überstanden, kam auch noch raus, sie sei beteiligt gewesen am Bruch der Schweigepflicht des Arztes Professor Neuhaus. Der Wirbel in der Öffentlichkeit wurde ein wenig größer, Honeckers Anwälte erstatteten Strafanzeige gegen den Arzt und gegen sie, aber ein halbes Jahr später hat die Staatsanwaltschaft das Ermittlungsverfahren eingestellt. Der Justizpressesprecher erklärte am 22. Juli 1993, Professor Neuhaus habe ihr zwar Geheimnisse im Sinne von § 203 des Strafgesetzbuches offenbart. Aber sie habe ihn dazu nicht angestiftet. Er sei es selbst gewesen, der Frau Limbach angerufen habe. Sie hätte nicht auf ihn eingewirkt. Nun ja.

Letzter Akteur im Epilog der Peinlichkeiten war Rechtsanwalt Nicolas Becker, Verteidiger Honeckers, verheiratet mit Irene Dische, Schriftstellerin. Sie hat ihn begleitet, als wäre sie seine Sekretärin, in jene Sitzung am Montag vor Weihnachten, die der Anlaß war für den Sturz des Vorsitzenden Richters Bräutigam. Man erinnert sich: die Affäre mit dem Autogramm im Stadtführer. Aber auch Honeckers Verteidiger war unter dem Druck der großen Bedeutung dieses Tages Zwängen ausgesetzt, denen er nicht ganz widerstehen konnte. Die Verhandlung sollte an sich öffentlich sein. Insofern war gegen die Begleitung durch seine Ehefrau nicht allzuviel einzuwenden. Als dann aber die Öffentlichkeit ausgeschlossen wurde, hätte er seiner Frau raten müssen, den Saal zu verlassen. Er brachte es nicht übers Herz. Sie schrieb ein kleines Stück für den *New*

Yorker über die Beratung mit den ärztlichen Gutachtern, anonym, wurde aber als Autorin identifiziert in einem längeren Artikel des *Herald Tribune* vom 23. Januar 1993. Das schwappte hinüber in die deutsche Presse, besonders die *Frankfurter Allgemeine* war empört, und nicht nur dem Anwalt ist das peinlich gewesen.

Allmählich trat Ruhe ein. Ab und zu wurde von der Verteidigung Keßler, Streletz und Albrecht noch verlangt, Honecker möge wenigstens als Zeuge wieder vor Gericht erscheinen. Aber der winkte ab. Manchmal gingen Meldungen über seinen Gesundheitszustand durch die Presse. Der stabilisierte sich zunächst, als er das rettende Ufer im chilenischen Exil erreicht hatte. Der Leberkrebs wuchs nicht mehr so schnell wie in der Haft. Was wohl normal ist. Der Staatsratsvorsitzende wohnte in einem Vorort von Santiago und schrieb an weiteren Memoiren. Allmählich wurde sein Zustand schlechter. Nur die kommunistischen Überzeugungen seien noch »so fest wie eh und je«, hörte man aus seiner Umgebung, als er im August seinen 81. Geburtstag feierte. Im September wurde der Notarzt alarmiert und Honecker in eine Klinik gebracht, aber im November ist er in den Anden gesehen worden, dreitausend Meter hoch in einem Bergrestaurant. Ein Mitglied der deutschen Ski-Nationalmannschaft, die dort trainierte, hat ihn gefilmt, und die Deutsche Presseagentur meldete das am 11. November 1993 unter der Überschrift »Honecker in den Bergen – viele juristische Fragen offen« zum ersten Jahrestag des Prozeßbeginns in Moabit. Dabei waren in Wirklichkeit juristische Fragen nicht mehr offen, nur eben Honecker in dem Bergrestaurant gewesen, und sein Anwalt Friedrich Wolff meinte dazu, Honecker hätte es mit der Leber und nicht mit dem Herzen. Es war ein Ausflug mit Freunden. Sie hatten ihn mitgenommen. Im Dezember gab es einen zweiten Zusammenbruch. Honecker kam wieder in die Klinik. Ein Herzschrittmacher wurde eingesetzt und eine Sonde für die Nahrungsaufnahme. Seitdem lag er im Bett, wurde künstlich ernährt.

Inzwischen lief der Prozeß in Berlin weiter, zunächst noch im selben Saal 700 im zweiten Stock, dann zog man ein Stockwerk tiefer in den Saal 500, genauso groß. Man ging einen Stock tiefer – eine zutreffende Beschreibung der allgemeinen Atmosphäre des Prozesses. Denn nachdem der Hauptangeklagte ausgeschieden war und kurz vorher der Vorsitzende Richter Bräutigam, kam eine gewisse Normalität in das Verfahren. Das Interesse der Öffentlichkeit wandte sich anderen Prozessen zu, zum Beispiel dem gegen Markus Wolf in Düsseldorf. Der neue Vorsitzende Hans Boß leitete den Prozeß gelassen und souverän, und auch die Angeklagten und ihre Verteidiger bemühten sich um Aufklärung. Was war geschehen und wie war es zu beurteilen? Von Januar bis September wurde verhandelt über Schuld oder Unschuld von Heinz Keßler, Fritz Streletz und Hans Albrecht. Acht Monate lang wurden Akten studiert und Zeugen gehört. Acht Monate lang standen die letzten drei Angeklagten Rede und Antwort.

Nicht selten ging es dann doch wieder um den Staatsratsvorsitzenden: Was hatte er gesagt oder angeordnet über das »Grenzregime« zwischen Deutschland Ost und Deutschland West? Aber im Grunde war er längst weit weg, war Geschichte wie alles andere, Geschichte, die man nun in aller Ruhe zu ordnen und zu verstehen versuchte. Man kann es auch negativ ausdrücken. Der Prozeß dümpelte vor sich hin. Manchmal war es wie in einem historischen Seminar. Nebenklägervertreter Plöger kam manchmal etwas später, ging bald wieder oder kam überhaupt nicht.

Einmal gab es einen Höhepunkt. Ende Juli kam Valentin Falin als Zeuge vor das Gericht, bekannt als eleganter sowjetischer Botschafter in Bonn, vorher Deutschlandexperte des Außenministeriums in Moskau. Er wurde gehört zu der Frage, ob die Deutsche Demokratische Republik selbständig gewesen sei beim Bau der Mauer und den Entscheidungen über die Sicherung ihrer Grenze. Nicht sehr, meinte er. Im wesentlichen habe alles die Sowjetunion bestimmt, wobei für Chruschtschow beim Bau der Mauer vor allem militärische Gründe entscheidend gewesen seien, die Bedrohung durch die NATO und die »Agentenzentrale« Westberlin, nachdem sein Friedensplan von 1959 gescheitert und das Treffen mit Ken-

126

nedy ohne Ergebnis geblieben war. Die Flüchtlingswelle aus der DDR und ihre wirtschaftlichen Folgen hätte für ihn kaum eine Rolle gespielt. Ulbricht habe aus Moskau die Weisung bekommen, die Grenzen endgültig zu schließen und undurchlässig zu machen. Das war's. Die Angeklagten durften sich als Befehlsempfänger fühlen und strafrechtlich entlastet.

Das war eine ihrer Verteidigungslinien. Nicht wir haben bestimmt, was zu geschehen hat. Es war die Sowjetunion. Schon im April hatten sie dafür einen schriftlichen Beweis aus den Akten, den Brief eines Marschalls der Sowjetunion, Iwan Stepanowitsch Konjew, an den Verteidigungsminister der Deutschen Demokratischen Republik, Armeegeneral Heinz Hoffmann, geschrieben am 14. September 1961, kurz nach dem Bau der Mauer:

»Werter Genosse Minister! Zur Verstärkung der Bewachung der Grenze der Deutschen Demokratischen Republik und zur Errichtung eines strengen Grenzregimes im Grenzstreifen, bitte ich Sie, bei der Lösung dieser Frage unsere Vorschläge und Wünsche zu berücksichtigen:...«

Es folgen in acht Abschnitten genaue Anweisungen, von der Aussiedlung im Grenzstreifen und dessen Breite über die Anlage von Minenfeldern, den Typ der Minen, die Zahl und Folge der Reihen, in denen sie zu verlegen sind, bis zum Fahrkartenverkauf nach Orten im Grenzgebiet und den Dienstanweisungen für den Schußwaffengebrauch mit einer Anlage, »Grundschema des pioniermäßigen und technischen Ausbaus auf 2 Blatt, nur für den Empfänger bestimmt«. Die Anlage, meint der Angeklagte Streletz, sei das Wichtigste. Aber sie fehlt.

Ist die DDR bei der Sicherung ihrer Grenzen völlig abhängig gewesen? Nein, sagt ein anderer Zeuge der 27. Strafkammer eine Woche vor Valentin Falin. Der ehemalige stellvertretende sowjetische Außenminister Kwisinski. 1961 war er persönlicher Referent und Dolmetscher des Botschafters der Sowjetunion in der DDR, Perwuchin. Ulbricht sei es selbst gewesen. Walter Ulbricht sei im Sommer 1961 zu Perwuchin gekommen und habe gesagt, so gehe es nicht mehr weiter. Es müsse eine Mauer gebaut werden. Einige Wochen später habe Chruschtschow zugestimmt, und die Mitwirkung der Staaten des Warschauer Pakts an jener Entscheidung in Moskau Anfang August 1961, das habe ihm Perwuchin gesagt, die sei nur notwendig gewesen, damit nach außen nicht der Eindruck entstehe, irgend jemand sei damit nicht einverstanden.

Kwisinski kennt das Schreiben Marschall Konjews nicht, kann sich aber nicht vorstellen, es sei »aus heiterem Himmel« gekommen. Der Inhalt des Briefes müsse vorher mit der DDR abgesprochen worden sein, und er sei der Überzeugung, was da in den acht Punkten gefordert worden ist, das seien »Kommentare und Reaktionen auf Vorstellungen, die von der DDR entwickelt worden waren«.

Ähnlich verschieden sind die Meinungen über das Alter der Minenfelder. Heinz Keßler und Fritz Streletz berufen sich darauf, daß sie schon Ende der vierziger Jahre und in den Fünfzigern von den Sowjets angelegt worden sind. Aber dann kommt ein Experte, ehemaliger Offizier bei den Pioniereinheiten der Grenztruppen, der jetzt noch damit beschäftigt ist, unentdeckte Minen an der ehemaligen Grenze aufzuspüren. Er hat entsprechende Unterlagen und sagt, die Minen sind erst seit 1961 gelegt worden, nach dem Bau der Mauer. Ebenso ein anderer Zeuge, Generaloberst Baumgarten, von 1979 bis 1989 Chef der Grenztruppen. Allerdings, schränkt er ein, nur aus militärischen Gründen, nicht wegen der Flüchtlinge, sondern um zu verhindern, daß fremde Kräfte von außen eindringen. Darauf hätten die Sowjets immer besonderen Wert gelegt.

Deshalb verlangte die Verteidigung die Ladung Michail Gorbatschows. Der war nämlich im April 1986 in Ostberlin und hat sich eingetragen in das Gästebuch des Stadtkommandanten mit einem freundlichen Satz darüber, wie wichtig der Auftrag der Grenztruppen sei für die Sicherung der Grenze und die Erhaltung des Friedens. Also schrieb die 27. Strafkammer einen vorsichtigen Brief an den Träger des Friedensnobelpreises, Ende Juli 1993, da war der bei den Festspielen in Bayreuth, und fragte höflich an, ob er bereit wäre zu kommen. Aber er wollte nicht. War erstaunt, daß man ihn überhaupt gefragt hat. Vielleicht erinnerte er sich an die Eintragung.

Das nächste Thema der Beweiserhebung war der »Schießbefehl« und – wenn es ihn gab – wie das lief mit solchen Anordnungen des Nationalen Verteidigungsrates über das Ministerium und die Kommandeure bis zum einzelnen Grenzsoldaten. Außerdem, hat man versucht, Todesschüsse zu vermeiden? Sind die Opfer vielleicht völlig überflüssig in diese Zone des Todes gegangen, weil es durchaus möglich war, legal die DDR zu verlassen? Das meinte der Angeklagte Streletz, und das Gericht hörte einen Zeugen, der sehr drastisch beschrieb, welchen Schikanen er ausgesetzt war, nachdem er einen Ausreiseantrag gestellt hatte. Es ist wohl allgemein bekannt gewesen in der Deutschen Demokratischen Republik, wie gefährlich es war, das zu tun. Also, der eine Zeuge genügt, meinte das Gericht.

Anderes Thema. Die medizinische Versorgung bei Verletzungen an der Grenze durch Schüsse oder Minen. Sie war äußerst schlecht. Das ergab sich aus Zeugenaussagen und Akten. Manches Todesopfer hätte vermieden werden können, wenn rechtzeitig Hilfe gekommen wäre. Sie kam fast immer zu spät, und ohne weiteres hätte man das anders organisieren können. Im Verteidigungsrat war das bekannt, stellte sich heraus.

Über § 27 des Grenzgesetzes wurde gesprochen, der seit 1982 Schüsse erlaubte. Die Beweisaufnahme ergab, daß weder der Verteidigungsrat noch das Ministerium für Verteidigung danach eine Notwendigkeit sahen, die Praxis an der Grenze zu ändern, durch ergänzende Anordnungen oder einschränkende Befehle. So daß man sagen konnte, das Gesetz sei zum Schein ergangen und habe nur den Zweck gehabt, der Kritik aus dem Westen eine gesetzliche Legitimierung entgegenzustellen. So die Staatsanwaltschaft und später im Urteil auch das Gericht. Ich bin mir da nicht ganz sicher. Denn man kann es auch anders sehen. Das Gesetz stellte die bisherige Praxis auf eine rechtliche Grundlage. So macht man es auch oft bei uns. Dann braucht man die Praxis nicht mehr zu ändern.

Allerdings, in diesem Gesetz steht nichts über Minen, und die drei Angeklagten haben immer wieder betont, sie hätten nur getan, was den Gesetzen entsprach. Also stellte das Gericht die Frage, ob sie denn überhaupt mal hätten prüfen lassen, wie das mit den Minen rechtlich zu bewerten sei. Sie beriefen sich auf das Völkerrecht. Jeder Staat habe das Recht, seine Grenze mit Minen zu schützen. Zwei Zeugen wurden gehört. Der Leiter der Rechtsabteilung des Verteidigungsministeriums und sein Referent für Völkerrecht. »Alle im Ministerium ergangenen Anordnungen sind auf ihre Übereinstimmung mit dem internationalen Recht geprüft worden, auch der Einsatz von Minensperren«, sagte der Referent, sehr allgemein. Nein, sagte sein Abteilungsleiter. Darüber haben wir uns keine Gedanken gemacht.

Der berühmte Schießbefehl ist nicht gefunden worden. Aber es wurde etwas lebendig im Saal, als im Mai die Sprache kam auf eine Äußerung Erich Honeckers in der Sitzung des Nationalen Verteidigungsrates am 3. Mai 1974. An sich gab es keine Wortprotokolle. Aber die Worte sind überliefert, weil Verteidigungsminister Hoffmann krank war und deshalb Fritz Streletz gebeten hatte, ihm einen schriftlichen Bericht darüber zu geben, wer was gesagt hat. Etwa vier Seiten Schreibmaschine. Sie sind erhalten. Danach hat Honecker gesagt, »nach wie vor muß bei Grenzdurchbruchsversuchen von der Schußwaffe rücksichtslos Gebrauch gemacht werden«. Heinz Keßler erklärt dazu, das stimme so nicht. Hans Albrecht sagt, er habe das nicht gehört. Und Fritz Streletz gibt zwar zu, die Worte seien so gefallen, wären aber anders gemeint. Honecker habe nicht von Schüssen auf Flüchtlinge gesprochen, sondern als Antwort auf Übergriffe von westlicher Seite.

Einen ähnlichen Streit gab es über andere Formulierungen in den Akten. Seit 1967 erschien in den Durchführungsverordnungen des Verteidigungsministeriums der Satz, daß »Grenzverletzer zu vernichten« seien. Auch das, meinten die Angeklagten, beziehe sich nur auf Durchbrüche von der anderen Seite. Flüchtlinge seien nicht gemeint.

Schließlich ging es um die einzelnen Todesfälle. Grenzsoldaten traten als Zeugen auf, die im ersten und zweiten Mauer-schützenprozeß als Angeklagte verurteilt worden waren. Andere Zeugen wurden gehört und die Akten vorgetragen. Routinearbeit, meistens eintönig, wie am 5. April 1993, Montag morgen, an dem verhandelt wird über den Tod des Frank Mater. Der ist 1984 bei Wendehausen in Thüringen von einer »SM-70« getötet worden, blieb vor dem Zaun liegen und lebte schon nicht mehr, als er von Grenzsoldaten geborgen und auf den Lastwagen gelegt wurde. Ein Militärarzt wurde gerufen. Der untersuchte ihn dort auf der Straße in der Nähe des Zauns. Nun steht er als Zeuge vor der 27. Strafkammer, heißt Dr. Koch und ist in der Vernehmung genauso einsilbig wie sein Familienname, den der Vorsitzende Hans Boß am Anfang nennt und dann ergänzt: »Sie sind 1945 geboren, im Mai. Also sind Sie achtundfünfzig.« »Ja«, sagt Dr. Koch und keiner merkt was, nur der Verteidiger des Verteidigungsministers. Rechtsanwalt Mildebrath rechnet nach, es ist sowieso einige Sekunden Ruhe im Saal, und meldet sich dann. Seiner Meinung nach sind 93 minus 45 nicht achtundfünfzig, sondern achtundvierzig. Richter und Zeuge sind einverstanden. Das war einer der wenigen Erfolge für die Verteidigung in diesem letzten Abschnitt des Prozesses, der am 16. September 1993 beendet wurde durch das Urteil.

11. Das Urteil

Donnerstag morgen, kurz vor zehn. Nun sind alle wieder da, die sich am Anfang gedrängelt haben, im November letzten Jahres. Nicht nur Presse, Rundfunk und Fernsehen, auch der Zuschauerraum ist wieder voll. Aber anders und mit einer gewissen Verschiebung der Aufmerksamkeit. Damals sind sie hinten aufgestanden, um nach vorn zu sehen auf den zierlichen Staatsratsvorsitzenden. Heute stehen sie vorn und in der Mitte auf und starren nach hinten auf den massigen Egon Krenz im Zuschauerraum, braungebrannt, graues Haar, freundliches Gesicht, der nicht allein gekommen ist, sondern mit ihm ganz andere Männer als damals. Nicht mehr alte Kommunisten von eher proletarischer Statur, sondern gutsituierte und selbstbewußte ältere Herren, die eher nach Volvo oder Mercedes aussehen und nicht, als ob sie einen Trabi unten stehen hätten oder gar nichts. Die alte Prominenz. Solidarität in schwerer Stunde. Finde ich nicht schlecht. Nicht mehr »Erich!« wird gerufen, sondern »Heinz!« und Heinz steht auf und grüßt. Dann kommt das Gericht, und Richter Boß verkündet das Urteil.

Die Staatsanwaltschaft hatte gefordert, Heinz Keßler solle zu zwölf Jahren Freiheitsstrafe verurteilt werden, Fritz Streletz zu zehn und Hans Albrecht zu acht Jahren. Die Verteidigung meinte, nur ein Freispruch für alle könne richtig sein. Das Urteil lag in der Mitte. Siebeneinhalb Jahre für Keßler, fünfeinhalb für Streletz und viereinhalb für Albrecht. Hinten großer Lärm bei den gutsituierten Herren. »Pfui!« wird am meisten gerufen, im Chor und sehr laut. Man kann kaum die Jahreszahlen verstehen.

Hans Boß macht ruhig weiter und kommt zur mündlichen Begründung des Urteils. Ich staune. Das hätte ich ihm nicht zugetraut. Fünfunddreißig Minuten in verständlicher Sprache, ohne juristische Schnörkel. Eine gute Erklärung der Entscheidung mit einfachen und klaren Worten zu den vielen Problemen des Prozesses.

Am Anfang wird er oft unterbrochen von den Herren im Zuschauerraum. Als er von Regierungskriminalität spricht, sagt eine laute Stimme »Lambsdorff und Friedrichs!« Nicht dumm. Den Schießbefehl, meint der Richter, habe es in der Form, wie es die Anklage gesehen hat, wohl nicht gegeben, doch immer wieder Grenzsoldaten, die letztlich auf Veranlassung der Staatsspitze mit ihren Schüssen bis zum Äußersten gegangen seien. »Bad Kleinen!« ruft ein anderer, was ja so unzutreffend auch wieder nicht ist. Aber Hans Boß läßt sich nicht provozieren, macht ruhig weiter, bis es hinten allmählich still wird. Denn es hat Hand und Fuß, was er da sagt. Jeder andere hätte längst den Saal räumen lassen.

Es wäre besser gewesen, sagt Richter Boß, der Prozeß wäre noch in der alten DDR geführt worden. Jetzt sieht es nach Siegerjustiz aus. Das kann er gut verstehen. Aber anders ging es nicht. Das Ende der DDR kam zu schnell, nicht nur eine Belastung für die Angeklagten, sondern auch für das Gericht. Es hätte sich aber – »ob Sie das glauben oder nicht« – wirklich bemüht, zu einer gerechten Entscheidung zu kommen. Und, sagt er, niemand habe von oben versucht, auf uns Einfluß zu nehmen. Hinten großes Gelächter, weil für sie nicht vorstellbar ist, daß es so etwas gibt. Ein Gericht, das ohne Einfluß von oben entscheidet. Sie haben es ja tatsächlich ganz anders gemacht.

Hans Boß ist kein Mann der großen Worte. Jeder andere hätte jetzt den Rechtsstaat bemüht. Macht er aber nicht, sondern versucht, sich in die Situation der Angeklagten zu versetzen. Auch der Nationale Verteidigungsrat sei von der Anklage überschätzt worden. Trotzdem. Das entlastet die Angeklagten nicht. Denn letztlich »haben sie sich den Kurs der Partei in Sachen Grenzsicherung zu eigen gemacht«. Abhängigkeit von der Sowjetunion? Sicher, aber »in der konkreten Ausgestaltung der Grenzsicherung hatte die DDR einen eigenen Spielraum«.

Dann spricht er über § 27 des Grenzgesetzes, der die Schüsse an der Mauer an sich erlaubte, und macht es sich juristisch ein bißchen zu einfach, indem er nur auf den Bundesgerichtshof verweist und seine Urteile zu den Mauerschützen. Denn da sind ja gerade in der letzten Zeit einige wichtige Zweifel aufgetaucht. Auch die Gründe für die unterschiedliche Höhe der Strafen sind sehr knapp. Aber alles in allem, wenn man es vergleicht mit dem, was sonst schon entschieden wurde zur sogenannten Regierungskriminalität, ist es ein gerechtes Urteil. Gott sei Dank. Dieses fürchterliche Verfahren hat nun doch noch einen würdigen Abschluß gefunden, nicht zuletzt durch diese einfache, ruhige und klare Begründung des Ersatzvorsitzenden Hans Boß, Richter am Landgericht.

Nun ist der Richter am Ende. Einer der Verteidiger fragt, wie hoch die Strafe für Keßler sei. Er habe das nicht verstanden. »Ja«, antwortet Hans Boß und grient vorsichtig. »War ein bißchen laut, nicht? Also: siebeneinhalb Jahre.« Hinten sind sie aufgestanden, strecken die Arme mit der Faust zum wilhelminischen Stuck der düsteren Saaldecke und singen die Internationale. Kennen auch den Wortlaut noch genau. Als Musik ganz schön und hier ja auch nicht ohne Komik. Hans Boß bespricht vorn in aller Ruhe mit den Verteidigern die Einzelheiten der vorläufigen Haftentlassung von Keßler und Streletz. Albrecht war ja ohnehin schon auf freiem Fuß.

Das Gericht hatte gleichzeitig mit dem Urteil die Haftbefehle gegen Keßler und Streletz ausgesetzt. Ein normaler Vorgang. Denn das Urteil war noch nicht rechtskräftig. Es war zu erwarten, daß Staatsanwaltschaft und Verteidigung Revision einlegen würden zum Bundesgerichtshof. Man konnte zwar voraussagen, daß der das Urteil bestätigen werde, aber das brauchte Zeit. Mindestens ein Jahr. Vorher konnten sie nicht zum Strafantritt geladen werden, und für die Untersuchungshaft gab es keinen ausreichenden Grund mehr. Sie hatte für Keßler und Streletz fast eineinhalb Jahre gedauert, mußte angerechnet werden, und wenn man dazu das eine Drittel der Strafe abzieht, das bei Freiheitsentzug regelmäßig erlassen wird, blieben für Keßler knapp vier Jahre und bei Streletz knapp zweieinhalb, die sie noch vor sich hatten. Also verhältnismäßig wenig. In solchen Fällen nimmt man an, besonders bei älteren Angeklagten, daß eine Fluchtgefahr nicht mehr besteht.

Das schriftliche Urteil kommt zwei Monate später, 261 Seiten, die beginnen im Sachverhalt ganz anders als die Anklage. Der Staatsratsvorsitzende würde sich nicht amüsieren können. Hier haben Juristen geschrieben, die historisch und politisch denken können. So fängt es an:

»Nach Beendigung des zweiten Weltkrieges 1945 wurde Deutschland von den Alliierten in vier Besatzungszonen – Berlin in vier Sektoren – aufgeteilt, wobei die Grenze zwischen der sowjetischen Besatzungszone einerseits und denen der USA und Großbritanniens andererseits als Demarkationslinie bezeichnet wurde. Jede Besatzungsmacht übte in ihrer Zone die Regierungsgewalt und die Aufsicht über jegliche Verwaltungstätigkeit aus. Die USA, Großbritannien und Frankreich einerseits und die UdSSR andererseits bezogen ihre Besatzungszonen in den jeweiligen Machtblock ein. Der Konflikt zwischen beiden Blöcken verschärfte sich so sehr, daß er schließlich als ›kalter Krieg‹ bezeichnet wurde. Einen ersten Höhepunkt fand er in der Berlin-Blockade 1948/49 durch die UdSSR.«

Ein historischer Überblick, der über den Bau der Mauer hinausreicht bis zur Öffnung der Grenze im November 1989. Am Ende heißt es:

»Die Sicherung der Grenze zwischen der DDR und der Bundesrepublik Deutschland, die zugleich auch Grenze zwischen zwei sich feindlich gegenüberstehenden Militärblöcken und zwei verschiedenen Gesellschaftssystemen war, lag im gemeinsamen Interesse der DDR und der UdSSR. Sowjetische Truppeneinheiten waren allerdings an der Grenze nicht eingesetzt. Die technische Durchführung der Grenzsicherung wurde mit sowjetischen Militärs kontinuierlich abgestimmt, blieb jedoch weitgehend der Entscheidung der DDR überlassen. Keine der Entscheidungen zum Grenzregime erfolgte gegen den Willen der DDR-Führung, geschweige denn unter Einwirkung irgendeines Zwanges. Sowohl die Einführung der Erdminen und der Selbstschußanlagen als auch ihr Abbau erfolgte nach Konsultation der UdSSR. Vertreter der UdSSR brachten – auch auf höchster politischer Ebene – der DDR gegenüber gelegentlich zum Ausdruck, daß die Todesopfer an der Grenze vermieden werden sollten. Die Vertreter der DDR nahmen diese Kritik zur Kenntnis, äußerten ihr Bedauern über die Todesfälle und erklärten, sie ließen sich nicht vermeiden. Der Öffnung der Grenze im November 1989 ging eine Anfrage der DDR-Regierung an den sowjetischen Botschafter voraus, ob von seiten der UdSSR gegen diesen Schritt Einwände bestünden, worauf durch das Außenministerium der UdSSR mitgeteilt wurde, daß es sich dabei um eine Angelegenheit der DDR handele.«

Damit war die Frage der Abhängigkeit von der Sowjetunion vernünftig geklärt. Es folgt eine ausführliche Schilderung des »Grenzregimes«, das ist die Organisation der militärischen und technischen Sicherung der Grenze. Sie beginnt mit der Beschreibung des Nationalen Verteidigungsrates, des Staatsrats, des Ministerrats und deren Bedeutung im Verhältnis zur Partei:

> »Faktisch wurde allerdings die Politik der DDR nicht durch die vorgenannten Verfassungsorgane, sondern durch die SED und ihre Gremien bestimmt. Diese führende Rolle der SED als marxistisch-leninistischer Partei war seit 1968 durch Artikel 1 der Verfassung der DDR festgelegt.«

Das ändere aber nichts daran, heißt es später, daß die Angeklagten als Mitglieder des Nationalen Verteidigungsrates an nicht unwichtiger Stelle beteiligt waren, im Zusammenspiel von DDR und Sowjetunion, der Partei und diesem Staatsorgan. Aber:

> »Die Angeklagten haben ein bereits bestehendes Grenzregime vorgefunden. Sie haben es weder initiiert noch entscheidend verändert, sondern lediglich daran mitgewirkt, das vorhandene Grenzregime in der bestehenden Form aufrechtzuerhalten.«

Schließlich beschreibt die 27. Strafkammer auch noch das Ende dieses »Grenzregimes«:

> »Mit der Entscheidung zur Öffnung der Grenze im November 1989 wurde der Nationale Verteidigungsrat nicht befaßt; seine letzte Sitzung fand am 16. Juni 1989 statt. Die Ereignisse im Oktober und November 1989 verliefen unter anderem deshalb unblutig, weil der Volkspolizei und den Grenztruppen verboten worden war, die Schußwaffe einzusetzen. Am Zustandekommen der entsprechenden Befehle waren auch die Angeklagten Keßler und Streletz beteiligt.«

Es wird beschrieben, wie die Beschlüsse des Nationalen Verteidigungsrates sich nach unten fortsetzten zu Befehlen an die Grenzsoldaten, die vor ihrem Einsatz mehr oder weniger deutlich aufgefordert wurden, jeden Fluchtversuch unbedingt zu verhindern, Grenzverletzer »fluchtunfähig« zu schießen oder zu »vernichten«, ohne daß ihnen genau erklärt worden ist, was darunter zu verstehen sei. Aber es war klar, daß die Tötung das letzte Mittel sei. Sie erfuhren das nicht nur bei der sogenannten Vergatterung vor ihrem Einsatz, sondern auch im Unterricht. Es ist wohl richtig, wenn die 27. Strafkammer in ihrem Urteil dazu schreibt:

> »Durch dieses ständige und massive Einwirken auf die Soldaten entstand – der Absicht der Ausbilder entsprechend – bei ihnen die Vorstellung, daß bei der Abwägung zwischen dem Leben des Grenzverletzers und der ›Unverletzlichkeit der Grenze‹ letztere höher einzuschätzen sei und um ihren Preis ein Menschenleben notfalls hingenommen werden müsse. Dies galt um so mehr, als die Soldaten aus eigener Anschauung wußten, daß in vielen Fällen das oberste Ziel, den Grenzdurchbruch zu verhindern, gar nicht anders als mit der Schußwaffe erreicht werden konnte.«

Es ist in der Tat die Praxis an der Grenze, auf die von oben her eingewirkt worden ist, ohne daß es einen ausdrücklichen Schießbefehl gegeben hat:

> »Die Kammer geht dabei nicht von der Existenz eines förmlichen Befehls in Schriftform aus, der ausdrücklich

die Tötung von Flüchtlingen angeordnet hätte. Anhaltspunkte für die Existenz eines derartigen ›Schießbefehls‹ bestehen nicht. Die schriftliche Fixierung einer solchen Weisung hätte der in der DDR geübten Praxis widersprochen. Die Tötung des Flüchtlings war auch nie das eigentliche Ziel des Grenzregimes; oberstes Ziel war vielmehr die Verhinderung jeden Fluchtversuchs. Bei der Durchsetzung dieses Ziels sollte zwar an sich jeder Tote vermieden werden, jedoch war notfalls der Tod des Flüchtlings in Kauf zu nehmen. Dies wurde den Grenzsoldaten durch ihre Vorgesetzten vermittelt, und zwar in mündlicher Form. Die schriftlichen Gesetze, Befehle und Dienstvorschriften wurden dabei gezielt verfälscht und erweitert. Auf den Wortlaut der einzelnen Schußwaffengebrauchsbestimmungen kam es deshalb im vorliegenden Verfahren nicht entscheidend an, da für die Grenzsoldaten nicht das geschriebene Wort entscheidend war, sondern das, was ihnen ständig durch ihre Vorgesetzten in der Ausbildung, im Politunterricht und im täglichen Dienst vermittelt wurde.«

Zu Honeckers Bemerkungen in der Sitzung des Nationalen Verteidigungsrates am 3. Mai 1974, die Fritz Streletz in seiner Notiz für Minister Hoffmann festgehalten hatte:

»Die Kammer mißt diesen Äußerungen Honeckers im übrigen nicht die Bedeutung bei, daß durch sie eine neue Befehlslage geschaffen werden sollte oder in ihnen gar ›der Schießbefehl‹ zu sehen sei. Die Einschätzung der Kammer, daß derartige Äußerungen im Gegenteil durchaus üblich waren und dem ständigen Sprachgebrauch entsprachen, wird untermauert durch die vom Angeklagten Streletz mitgeteilte Reaktion des Ministers Hoffmann und den auch vom Zeugen Baumgarten bestätigten Umstand, daß anschließend keine Änderungen irgendwelcher Befehle oder Dienstvorschriften erfolgten.«

Der Schießbefehl ist im wesentlichen das Problem der Grenztruppen an der Berliner Mauer und ihrer Opfer gewesen, für die Angeklagten also die Frage der Verurteilung wegen der Erschießung von Michael-Horst Schmidt und Chris Gueffroy 1984 und 1989. Alle anderen waren vom Verfahren abgetrennt. Seit 1982 gab es aber § 27 des Grenzgesetzes. Wie beur-

teilt das Gericht dieses komplizierte Problem? Nachdem selbst
der Kommentar von Maunz-Dürig das Verhalten der Mauerschützen für gerechtfertigt hält? Die 27. Strafkammer macht es
sich einfach. Sie verweist kurz auf die beiden Urteile des Bundesgerichtshofes zur Erschießung von Schmidt und Gueffroy.
Der hatte die Verurteilung der Grenzsoldaten bestätigt, nur im
Fall Gueffroy die Höhe der Strafe beanstandet. Damit ist für
das Landgericht Berlin die Frage geklärt:

> »Auch der Einsatz der Schußwaffe war nicht durch das
> Grenzgesetz gerechtfertigt. Den Schußwaffengebrauch
> regelt § 27 Grenzgesetz abschließend. Diese Norm vermag
> die jeweils zum Todeserfolg führenden Handlungen der
> Schützen in den Fällen 6 und 7 nicht zu rechtfertigen
> (BGH 5 StR 370/92 = BGHSt 39,1; BGH 5 StR 418/92).«

Das ist alles. Anders bei den Minen, also den anderen acht
Todesfällen, die den Angeklagten vorgeworfen werden. Das
Gericht beschreibt, die Minen an der Grenze zur Bundesrepublik habe es erst seit 1961 gegeben. Damals seien es nur Erdminen gewesen, die einen doppelten Nachteil hatten. Sie konnten
nicht so eng verlegt werden, daß sie jeden Fluchtversuch ver-
hinderten. Außerdem war ihre Haltbarkeit im feuchten Boden
begrenzt. Deshalb wurde seit 1972 die »SM-70« eingeführt. Sie
war nicht so anfällig und machte fast alle Fluchtversuche
unmöglich. Im Verteidigungsministerium hatte es darüber
1971 Meinungsverschiedenheiten gegeben. Minister Hoffmann
war dafür, Heinz Keßler wegen der tödlichen Splitter dagegen.
Er schlug Hartgummikugeln vor, die die Flüchtlinge nur ver-
letzen. Die Entscheidung wurde Honecker überlassen. Der
wollte die »Todesminen«. Das wurde vom Nationalen Verteidigungsrat im Juli 1972 beschlossen, einstimmig wie immer, so
daß auch Heinz Keßler mitverantwortlich ist.

Elf Jahre später besann man sich anders, noch unter Verteidigungsminister Hoffmann. Der Verteidigungsrat beschloß
1983, andere Grenzsicherungsanlagen zu bauen »mit physika-
lischen Wirkungsprinzipien ohne Anwendung von Minen«.
Die Splitterminen wurden zuerst abgebaut, bis Ende 1984, die

Erdminen bis Mitte 1985. Dann endete die Liste ihrer Todesopfer.

Ihr juristisches Problem bestand darin, daß Minen durch § 27 des Grenzgesetzes überhaupt nicht gerechtfertigt waren, nur Schüsse. Aber möglicherweise kam § 8 Absatz 2 in Frage. Dort hieß es:

> »Innerhalb der Grenzgebiete können ja nach den Erfordernissen und unter Berücksichtigung der örtlichen Bedingungen Schutzstreifen, Sperrzonen bzw. Grenzzonen mit besonderen Ordnungen festgelegt und Grenzsicherungsanlagen errichtet werden.«

Letztlich war das die von den Angeklagten aufgeworfene völkerrechtliche Frage, ob es einem Staat erlaubt ist, seine Grenze durch Minen zu sichern. Die 27. Strafkammer erklärt dazu:

> »Für den Einsatz von Minen gilt folgendes: Die Begriffe ›Minen‹, ›Splitterminen‹ oder ›Selbstschußanlagen‹ erwähnt das Grenzgesetz nicht. Derartige Mittel könnten jedoch unter die in § 8 Abs. 2 Grenzgesetz erwähnten ›Grenzsicherungsanlagen‹ fallen. Ob diese Vorschrift den Einsatz solcher Mittel zu militärischen Zwecken, also zur Abwehr militärischer Angriffe von außen, erlaubte, kann offenbleiben, da – wie festgestellt – sämtliche Minen nicht diesem Zweck dienten, sondern Bürger der DDR am Verlassen des Landes hindern sollten. Die Verwendung von ihnen mit dieser Zielrichtung war nicht durch § 8 Abs. 2 Grenzgesetz gedeckt. Dies ergibt sich aus einer Gesamtschau des Grenzgesetzes. Die Verwendung gefährlicher Mittel durch die Grenztruppen zur Abwehr von Straftaten oder Fluchtversuchen ist ausschließlich und abschließend in den §§ 26, 27 Grenzgesetz geregelt.«

Völkerrechtlich brauchte man dazu wirklich nicht mehr zu sagen. Jedenfalls erlaubt es nicht den Einsatz von Minen gegen eigene Bürger. Und im Grenzgesetz gab es keine weitere Rechtfertigung. Also waren die Tötungen rechtswidrig, auch nach dem Recht der Deutschen Demokratischen Republik.

Damit waren die Angeklagten als Mitglieder des Nationalen Verteidigungsrates verantwortlich für zehn rechtswidrige

Tötungen. Aber in welcher Form? Also das Problem von »Täterschaft und Teilnahme«. Als Täter, Mittäter, Anstifter oder Gehilfen? Wie kompliziert das ist, kann man daran sehen, daß die Richter für die Antwort auf diese Frage in ihrem Urteil fast dreißig Seiten brauchten.

Sie mußten sie nämlich nicht nur nach dem Recht der DDR beantworten, sondern auch nach dem der Bundesrepublik. Denn wenn sich jemand strafbar gemacht hat nach dem Recht der DDR und das Recht der Bundesrepublik ist milder, dann darf er nur nach dem der Bundesrepublik verurteilt werden (§ 315 Absatz 1 des Einführungsgesetzes zum Strafgesetzbuch der Bundesrepublik, in Verbindung mit § 2 Absatz 3 Strafgesetzbuch West).

Also erstens, Recht der DDR: Die 27. Strafkammer prüft Täterschaft, Mittäterschaft und Beihilfe, kommt zu dem Ergebnis, sie seien nicht gegeben, und schreibt dann den schönen Satz:

> »Deshalb ist ihr Verhalten als Anstiftung (§ 22 Abs.2 Nr.1 StGB/DDR) zu den Tötungen einzustufen.«

Mehr nicht. Nichts zu der Frage, ob Anstiftung nach dem Recht der DDR nicht vorausgesetzt hätte, daß die Opfer vorher individuell bestimmt gewesen sein mußten, auf die geschossen worden ist oder die von den Minen getötet wurden. Wie es im offiziellen Lehrbuch zum Strafrecht der Deutschen Demokratischen Republik (Allgemeiner Teil, Seite 329) steht. Man hätte das doch wenigstens mal diskutieren müssen. Es ist ja nicht unwahrscheinlich, daß man dort auch jemanden verurteilt haben würde, der ähnliches gemacht hätte. Zum Beispiel Selbstschußanlagen bauen läßt um seine Datscha in Brandenburg, und es kommt jemand ums Leben. Aber einfach nur so, dieser eine Satz im Urteil, ohne weitere Begründung?

Zweitens, zum Recht der Bundesrepublik: Hier ist es ja sowieso immer etwas komplizierter. Der Nationale Verteidigungsrat hat die entscheidenden Weichen gestellt. Das ist an sich Anstiftung. Es gibt aber auch, wenn man daran nicht so aktiv beteiligt ist, eine zweite Möglichkeit. Beihilfe zur Anstiftung. Die wird bestraft als Beihilfe. Deshalb unterscheidet die 27. Strafkammer. Keßler und Streletz hatten höhere Funktionen, waren Militärs, sahen die Sicherung der Grenze als eigene Sache an. Haben also angestiftet. Hans Albrecht saß als Zivilist im Nationalen Verteidigungsrat, habe das alles nicht als seine Sache verstanden und auch öfter gefehlt. Also ist er nur als Gehilfe zu bestrafen.

Nach dem Recht der DDR also für alle drei Anstiftung zum Mord. Wobei man wissen muß, daß der einfache Mord in der DDR unserem Totschlag entspricht. Vorsätzliche Tötung. Die Anstiftung dazu wird bestraft mit Gefängnis zwischen zehn und fünfzehn Jahren.

Nach dem Recht der Bundesrepublik für Keßler und Streletz Anstiftung und für Albrecht Beihilfe zum Totschlag. Wird für Anstifter bestraft mit Gefängnis zwischen fünf und fünfzehn Jahren, für Gehilfen mit Gefängnis zwischen zwei und elfeinviertel. Ist also milder. Deshalb sind alle drei bestraft worden nach dem Strafgesetzbuch der Bundesrepublik.

Die 27. Strafkammer bleibt mit ihrem Urteil in der unteren Hälfte dieses Strafrahmens. Keßler siebeneinhalb Jahre und Streletz fünfeinhalb. Hans Albrecht ist an sich nur zu dreieinhalb Jahren verurteilt worden, die aber zusammengelegt wurden mit einer anderen Strafe von einem Jahr und zehn Monaten. Die hatte das Bezirksgericht Meiningen im Oktober 1992 verhängt wegen Vermögensschiebereien und Waffenbesitz. Macht zusammen, sagt das Landgericht, viereinhalb.

In der unteren Hälfte des Strafrahmens hat sich die 27. Strafkammer bewegt, weil die Angeklagten bei ihrer Tätigkeit im Nationalen Verteidigungsrat ein bereits bestehendes Grenzregime vorfanden, nicht aus eigennützigen Motiven handelten und nur mit bedingtem Vorsatz, so nennt man das juristisch, die Tötungen in Kauf genommen haben, indem sie versuchten, durch umfangreiche Sicherheitsmaßnahmen im Hinterland den Kreis der Opfer möglichst klein zu halten. Mit anderen Worten: Wenn man jemanden ohne weiteres töten will, ist das direkter Vorsatz. Wenn man es aber eigentlich nicht will, es aber darauf ankommen läßt, indem man den Tod des

Opfers in Kauf nimmt, dann handelt man mit bedingtem Vorsatz. Der wird nicht so hoch bestraft wie der direkte. Beweis dafür aus der letzten Zeit:

> »Daß die Angeklagten Keßler und Streletz grundsätzlich nicht gewillt waren, Menschenleben leichtfertig aufs Spiel zu setzen, beweist ihre Mitwirkung an den Befehlen vom Herbst 1989.«

Dann finden sich noch andere Bemerkungen, die für westdeutsche Richter ebenfalls nicht selbstverständlich sind:

> »Vom Normalfall des Totschlags weicht die Tat der Angeklagten auch deshalb ab, weil das Opfer eines vorsätzlichen Tötungsdelikts typischerweise ohne eigenes Zutun in die tödliche Situation gerät. Hier jedoch haben sich die Opfer im Bewußtsein des hohen Risikos in die als äußerst gefährlich erkannte Situation begeben. Es ist nicht festgestellt worden, daß auch nur eines der Opfer durch staatliche Willkür in eine so ausweglose Konfliktsituation gebracht worden wäre, daß der Fluchtversuch die einzige Lösung und somit der Tod zwangsläufige Konsequenz des staatlichen Handelns war. Damit soll kein Mitverschulden der Opfer zum Ausdruck gebracht werden, sondern lediglich, daß der typische Fall des Totschlags ein anderer ist und dieser Umstand bei der Strafzumessung zu Gunsten der Angeklagten zu berücksichtigen ist.«

Ebenso am Anfang ihrer Ausführungen zu den Gründen für die Höhe der einzelnen Strafen:

> »Sie waren selbst Teile eines Systems. Nicht nur sie wirkten auf den Apparat ein, dieser wirkte genauso auf sie ein. Ihr Verhalten muß vor dem gesamten historischen Hintergrund und unter Berücksichtigung der Verhältnisse in der DDR gewertet werden. Die Teilung Deutschlands haben die Angeklagten ebensowenig zu verantworten wie die Eingliederung Ostdeutschlands in den sowjetischen Machtblock. Das Grenzregime war eine Auswirkung des kalten Krieges, der von beiden Machtblöcken betrieben wurde. Dieser kalte Krieg prägte die damalige Politik der DDR und damit auch das politische Bewußtsein großer Teile der Bevölkerung. Auch wenn diese Konfrontation zwischen den beiden Machtblöcken schon zu Beginn des

Tatzeitraums nicht mehr in der ursprünglichen Schärfe bestand, durch die internationale Politik in den 70er Jahren weiter reduziert und schließlich durch den neuen Kurs der UdSSR in der zweiten Hälfte der 80er Jahre weitgehend entschärft wurde, kann die Ausgangssituation nicht gänzlich außer acht bleiben.«

Es ist ein abgewogenes Urteil. Wenn überhaupt ein Urteil möglich war, dann haben sich die Richter der 27. Strafkammer im Rahmen des Möglichen sehr gut gehalten.

12. Rechtsstaat und Vergangenheit

War es möglich, ein Urteil zu fällen über die Tätigkeit von Mitgliedern des Nationalen Verteidigungsrates? Nicht nur möglich, sondern notwendig, sagt Christoph Schaefgen als Leiter der Abteilung Regierungskriminalität der Staatsanwaltschaft beim Kammergericht, denn »ohne eine Aufarbeitung der Vergangenheit gibt es keine glückliche Gestaltung der Zukunft«. Eine Meldung der Nachrichtenagentur Agence France Press in der *Frankfurter Allgemeinen Zeitung* vom 26. Juli 1993. Aufarbeitung der Vergangenheit, das heißt durch Urteile von Gerichten über Unrecht, das begangen worden ist in der vergangenen Deutschen Demokratischen Republik. Vergangenheit bedeutet also Unrecht in der Vergangenheit, und Aufarbeitung meint Verurteilung.

Diese Kombination ist tatsächlich vorgesehen im Einigungsvertrag von 1990. Insofern war das Urteil der 27. Strafkammer möglich. Man muß zwar lange blättern. Im Vertrag selbst findet man nichts. Aber Artikel 8 verweist auf Anlagen, die vorher ausgehandelt worden sind zwischen frei gewählten Politikern aus Deutschland Ost und Deutschland West. Sie wollten es wirklich so und haben es juristisch formuliert in Anlage I, Kapitel III, Sachgebiet C, Abschnitt II, Buchstabe b, durch die Neufassung von Artikel 315 des Einführungsgesetzes zum Strafgesetzbuch der Bundesrepublik. Beschlossen von Volkskammer und Bundestag. Diese Vorschrift ist zwar auf den ersten Blick schwer verständlich, aber eindeutig. Unrecht, das geschehen ist in der DDR und bisher nicht geahndet, soll verfolgt werden von den Gerichten der neu vereinigten Bundesrepublik nach dem Recht, das gültig war in der Deutschen

Demokratischen Republik. Damit war auch normale Kriminalität gemeint. Aber kein Zweifel, in erster Linie zielte das auf die Verfolgung von Unrecht, das begangen worden ist von Politikern, Juristen, Militärs des gescheiterten real existierenden Sozialismus. Das nennt man »Aufarbeitung der Vergangenheit«.

Juristen, Staatsanwälte, Richter der neuen Bundesrepublik sind dazu verpflichtet. Artikel 315 Einführungsgesetz zum Strafgesetzbuch. Ein Gesetz. Und Bindung der Rechtsprechung an das Gesetz ist ein entscheidendes Element des Rechtsstaats. Aber es gibt eine mutige Gegenmeinung. Sie ist im Oktober 1991 geäußert worden in Gießen auf einer Tagung der Vereinigung der Deutschen Staatsrechtslehrer von Professor Bodo Pieroth aus Marburg in einem Vortrag zu dem Thema »Der Rechtsstaat und die Aufarbeitung der vor-rechtsstaatlichen Vergangenheit«. Mutige Gegenmeinungen haben meistens die Folge allgemeiner Empörung. In Gießen war sie groß. Denn Pieroth sagte, das Recht der DDR, nach dem wir zu urteilen haben, das waren nicht nur die Gesetze, Kommentare und Lehrbücher jenes Staates, sondern seine gesamte Rechtspraxis. Und kein Gericht der Deutschen Demokratischen Republik, vom Obersten Gericht ganz zu schweigen, würde ein Urteil gesprochen haben gegen die Mauerschützen, Minenleger, ihre Vorgesetzten, Generäle der Grenztruppen, Erich Honecker und die anderen Mitglieder des Nationalen Verteidigungsrates wegen der Toten an Mauer und Stacheldraht oder gegen andere wegen anderem, das damals gang und gäbe war. Auch die Praxis des Rechts gehört zum Recht. Wenn man sie heute verurteilt, verstößt das gegen dieses Recht und damit auch gegen das Rückwirkungsverbot in Artikel 103 Absatz 2 des Grundgesetzes.

Bodo Pieroth ist nicht nur ein ungewöhnlich kühner Mann. Er sieht auch die Konsequenzen und benennt sie, ging also in diesem Vortrag so weit zu sagen, das gelte selbstverständlich ebenfalls für die Verurteilung wegen Verbrechen in der Zeit von 1933 bis 1945 trotz erheblicher Unterschiede zwischen Drittem Reich und DDR. Aber Staat sei Staat. Auch im Nazireich ist es unmöglich gewesen, Politiker, Richter oder Militärs, SS oder Polizei zu verurteilen wegen ihrer Untaten. Es war ein furchtbares System. Das hatte seine furchtbaren Juristen, und Recht ist Interpretationsherrschaft, die wird ausgeübt von Juristen. Also, die Prozesse gegen Naziverbrecher hätten in derselben Weise verstoßen gegen Artikel 103 Absatz 2, und man kann sich vorstellen, was da los war in Gießen. Na ja, meinte Professor Pieroth. Vielleicht müsse man wie in Nürnberg eine Ausnahme machen bei Verbrechen gegen die Menschlichkeit. Aber der Rechtsstaat, das sei eben auch Artikel 103 Absatz 2 des Grundgesetzes:

>>Eine Tat kann nur bestraft werden, wenn die Strafbarkeit gesetzlich bestimmt war, bevor die Tat begangen wurde.<<

>>Gesetzlich bestimmt<< ist irreführend, meint Bodo Pieroth. Denn die Gesetze, so wie wir sie heute verstehen, sind eben damals nicht angewendet worden. Man muß das genauer sehen. Der richtige Ausdruck wäre vielleicht >>mit Strafe bedroht<<. Niemand war mit Strafe bedroht, der an verantwortlicher Stelle der DDR im Sinne dieses Staates handelte oder wer seine Befehle ausführte. Wenn man es so sieht, dann war das Urteil gegen Keßler, Streletz und Albrecht nicht möglich gewesen, juristisch, weil es gegen ein wichtiges Prinzip des Rechtsstaates verstößt, gegen das Rückwirkungsverbot. Ich halte diese Meinung gar nicht für so abwegig.

Es gibt noch andere Überlegungen. Das ist ja nicht nur ein juristisches Problem. Auch die >>glückliche Gestaltung der Zukunft<< ist wichtig, von der Christoph Schaefgen sprach, und das ist die Frage, welchen Sinn es macht, Politiker, Militärs, Juristen und andere zu verurteilen nach dem Zusammenbruch eines politischen Systems.

Ganz anderer Meinung als Christoph Schaefgen war Aristoteles, Sohn des Nikomachos aus Stageira auf der Chalkidike, obwohl auch im Mittelpunkt seiner Philosophie das Glück gestanden hat, die *eudaimonia*. Um 328 vor Christus hat er ein kleines Buch geschrieben über *Die Verfassung der Athener*.

Darin beschreibt er die Wende des Jahres 403, als die Schreckensherrschaft der dreißig Tyrannen beseitigt und die Demokratie wiederhergestellt wurde. Immerhin waren dem Terror der Dreißig fast fünfzehnhundert Bürger zum Opfer gefallen, und Hunderte konnten ihr Leben nur durch die Flucht retten. Was lag näher als Gleiches mit Gleichem zu vergelten? Hinter den Dreißig stand aber immer noch der reiche und mächtige alte Adel der Stadt. Und auf der anderen Seite das Volk. Zwei Gruppen, die weiter miteinander leben mußten. Also wurde eine allgemeine Amnestie beschlossen, jegliche juristische Verfolgung wurde verboten, nicht nur strafrechtlich, auch zivilrechtlich. Man denke nur an das zivilrechtliche Vermögensgesetz von 1990, Rückgabe vor Entschädigung, und Tausende und Abertausende von Prozessen gegen die Rückgabe von Grundstücken in Ostdeutschland. Allein eine Amnestie, meinten die siegreichen Demokraten, könne die allgemeine Versöhnung retten, und Aristoteles, der kein großer Freund dieser Demokratie gewesen ist, schreibt dazu in Kapitel 40:

> »Die Athener sind dadurch auf die anständigste und politisch beste Weise mit ihren früheren Schwierigkeiten fertig geworden, privat und öffentlich.«

Es gibt eben immer mehrere Möglichkeiten. Entweder man macht es wie die Athener. So war es in Spanien nach Francos Tod und dem Ende des Faschismus, in Polen nach dem Sturz Jaruzelskis, und 1865 waren auch die Amerikaner in den Vereinigten Staaten nach dem Bürgerkrieg so klug, der siegreiche Norden gegenüber dem unterlegenen Süden. Präsident Johnson verkündete eine allgemeine Amnestie. Oder man geht weiter aufeinander los, wie in Frankreich nach der Revolution von 1789 mit der Guillotine oder in Frankreich und Italien 1944/45, als Tausende von Kollaborateuren und Faschisten hingerichtet oder getötet wurden. In Deutschland macht man es juristisch, zum Beispiel nach dem Sieg der Heiligen Allianz 1815 mit der Verfolgung von Liberalen.

Der Weg über das Recht ist heikel, bisweilen aber richtig. Ich meine den Auschwitz-Prozeß von 1963 bis 1965. Die Bundesrepublik ist nun fünfundvierzig Jahre alt, und es steht eins zu zwei. Ein Drittel ihrer Geschichte bestand im wesentlichen aus Verdrängung, und seit dreißig Jahren, zwei Dritteln, wissen wir Bescheid. Als vor dreißig Jahren in Frankfurt dieser Prozeß begann, hörte die westdeutsche Öffentlichkeit endlich zu und sie hörte von Grausamkeiten und Greueltaten, von einem Inferno der Bestialität, das in bemerkenswertem Gegensatz stand zum ruhigen Selbstbewußtsein und dem optimistischen Glauben an die Zukunft einer Gesellschaft, die auf dem Höhepunkt ihres ökonomischen Erfolges stand, den man das Wirtschaftswunder nannte. Nun hörte man von der Rampe, auf der die Juden selektiert wurden, wie man das nannte, von Gaskammern und Öfen und der Hölle derjenigen, die daneben in Lagern vorläufig weiterleben durften, bis ihre Arbeitskraft aufgezehrt war, von Bogners Folter-Schaukel und Kaduks Brutalitäten und sah die Qual der Zeugen, sich zu erinnern und die zu sehen, die ihre Herren waren über Leben und Tod. Zwei Jahre lang lief der Prozeß, gegen zweiundzwanzig Angeklagte. Fast täglich wurde in den Zeitungen berichtet und man sah die Bilder in der Tagesschau, bis das Urteil kam, 1965. Sechsmal lebenslange Freiheitsstrafe, dreimal Freispruch und abgestufte Strafen dazwischen für die anderen. Zwanzig Jahre nach Kriegsende. Daß der Prozeß damals überhaupt zustande gekommen war, trotz unendlicher Schwierigkeiten nach so langer Zeit und gegen manchen Widerstand innerhalb und außerhalb der Justiz, das war im wesentlichen das Verdienst eines Mannes, der einer der wenigen Juristen an führender Stelle gewesen ist, die nicht aufhörten, gegen das Vergessen zu arbeiten. Fritz Bauer, hessischer Generalstaatsanwalt.

Der Auschwitz-Prozeß bedeutete die Wende in der Geschichte der Verdrängung. Nach dem Nürnberger Prozeß gegen die sogenannten Hauptkriegsverbrecher 1945/46 und einem kurzen gescheiterten Zwischenspiel der Entnazifizierung meinte man, nun sei alles erledigt, hat kräftig in die Hände gespuckt und kümmerte sich um das Bruttosozialprodukt.

Der kalte Krieg, man brauchte uns. Das Scheitern der Entnazifizierung, die Westbindung in der NATO und in der Europäischen Gemeinschaft, das Wirtschaftswunder. Wir waren wieder wer und wollten nicht erinnert werden. Auch Adenauers
Politik war sehr bewußt darauf gerichtet, die alten Nazis in die
neue Demokratie einzubinden, sie zu integrieren statt auszu-
grenzen. Das war ja im Prinzip völlig richtig, trug aber ab und
zu groteske Früchte, wie seine Anhänglichkeit an jenen unsag-
baren Staatssekretär im Bundeskanzleramt, Hans Globke, der
den maßgeblichen Kommentar zu den Judengesetzen der
Nazis geschrieben hatte und trotzdem bis zu Adenauers Ende
der mächtigste Beamte der Bundesrepublik geblieben ist.

Es ist natürlich ein Zufall. Aber es war dasselbe Jahr. 1963.
1963 ist Globke mit Adenauer gegangen, und 1963 begann in
Frankfurt der Auschwitz-Prozeß. Auch Symbole haben ihren
historischen Wert. Hans Globke war ein Symbol des ersten
Drittels der Geschichte der Bundesrepublik, und der Auschwitz-Prozeß beendete es. Seitdem wird nicht mehr verdrängt.
Seitdem wurde zum Beispiel diskutiert über die Verjährung
von NS-Verbrechen, im Bundestag, seit 1965, als der Prozeß zu
Ende ging. Kein Zufall. Die Diskussion ging über viele Jahre,
mit verschiedenen Zwischenlösungen. Dann begann der
zweite große Prozeß, über Majdanek, in Düsseldorf, mit dreizehn Angeklagten. Der dauerte sechs Jahre, bis 1981. Eine
lebenslange Freiheitsstrafe und fünf Freisprüche, weil die
Beweislage inzwischen noch schlechter geworden war. Noch
während er lief, 1979, hat der Bundestag das letzte Mal
beschlossen über Verjährung von NS-Verbrechen, und die
Lösung war, die Verjährung für Mord wird ganz allgemein aufgehoben. Mord und Völkermord verjähren nicht, § 78 des
Strafgesetzbuches. Damit sind wir schon in der Gegenwart.

Das einzige Verfahren, für das dieser § 78 noch Bedeutung
hat, ist der Prozeß gegen Erich Mielke vor dem Landgericht
Berlin, der 1993 verurteilt worden ist wegen Mordes an zwei
Polizisten auf dem Bülowplatz in dieser Stadt 1931, also vor
zweiundsechzig Jahren. Das wäre nicht möglich gewesen ohne
den Auschwitz-Prozeß und seine Folgen im Strafgesetzbuch

zur Verjährung. Das Urteil hat Mielke also den Verbrechen der Nazis zu verdanken, gegen die er als junger Kommunist tapfer gekämpft hat. Sicher, in der DDR hat er Schlimmes zu verantworten. Aber dieser Prozeß ist mehr als peinlich und Erich Mielke wegen der falschen Tat bestraft worden.

Auch anderes ist heute verdreht. Der Auschwitz-Prozeß hatte eine reinigende Wirkung für das politische Bewußtsein der Bundesrepublik. Man erkannte die Gefahren faschistischer Entwicklungen deutlicher, und das bedeutete eine Stabilisierung unserer Demokratie. Damals und bis vor kurzem war das allgemeine Überzeugung. Heute nicht mehr. Sicher, Neonazis hat es immer wieder gegeben in der Bundesrepublik, am Anfang, in der Mitte und vor der Wende 89/90. Aber immer waren sie nur vorübergehende Erscheinung. Sie tauchten auf, erregten Aufsehen, besonders im Ausland, wurden auch mal in Landtage gewählt, aber sie verschwanden immer wieder. Sehr schnell. Das hat sich jetzt geändert. Auch in Zukunft werden sie wohl weiter unten pendeln um die Grenze von fünf Prozent. Aber sie werden bleiben, auf lange Zeit, aus vielen Gründen, eine Konstante, die unberührt ist von jenem Inferno, das seit diesem Prozeß 1963/65 seinen Platz hat als Mahnung im öffentlichen Bewußtsein. Trotzdem. Der Prozeß hat dieses öffentliche Bewußtsein bis heute geprägt, und das wird verhindern, daß diese Konstante sich zu Schlimmerem entwickelt. Deshalb hat er seinen Sinn gehabt, ist nicht umsonst geführt worden.

Aufarbeitung von Vergangenheit? Will man verstehen, was das heißt, muß man auf den Auschwitz-Prozeß sehen. Er hat Widerstandskräfte mobilisiert, öffentliches Bewußtsein verändert, freiheitliche Demokratie befestigt. Dagegen ist der Ertrag des Honecker-Prozesses gering. Das Urteil der 27. Strafkammer hebt sich zwar erstaunlich ab von der üblichen juristischen Abstraktion in anderen Verfahren dieser Art. Aber was es an historischer Arbeit geleistet hat zur Beurteilung von Schuld und für das Maß der Sühne, das war schon bekannt, hat seit langem in Deutschland West das öffentliche Bewußtsein geprägt und gehörte in Deutschland Ost zur privaten

Innenwelt, die hellwach gewesen ist im kleinen Kreis der Familie oder von Freunden. In der Verhandlung vor der 27. Strafkammer sind Einzelheiten zur Sprache gekommen und festgehalten im Urteil, die waren nicht bekannt. Was man über den sagenhaften Schießbefehl wissen kann, ergibt sich nun aus der sorgfältigen Untersuchung der Richter, die sich stützt auf Zeugen und Urkunden. Ein Bild, das neu ist. Der Schießbefehl nicht als ausdrückliche Anordnung, sondern als stillschweigende, vielschichtige und mehrdeutige Praxis. Auch das Leiden der Opfer in den Minenfeldern und die Nachlässigkeit der medizinischen Versorgung, das sind Einzelheiten, die so klar und im Zusammenhang des Ganzen erst hier zur Sprache gekommen sind. Aber es sind Einzelheiten. Das eignet sich nicht für die Veränderung von öffentlichem Bewußtsein, ist nicht Aufarbeitung von Vergangenheit, sondern historisches Detail.

Und noch eines kommt hinzu. Der Auschwitz-Prozeß fällt unter die von Bodo Pieroth zugestandene Kategorie Verbrechen gegen die Menschlichkeit, die es rechtfertigt, gegen das Rückwirkungsverbot der Verfassung zu verstoßen. Der Honecker-Prozeß nicht. Man hörte es schon in der mündlichen Begründung und kann es jetzt lesen im schriftlichen Urteil. »Zugunsten der Angeklagten«, sagte Richter Boß, »war zu berücksichtigen, daß sie Gefangene der deutschen Geschichte sind wie wir alle.« Sicher, ein Staat, der an der Grenze auf seine eigenen Bürger schießt und sie mit Dumdumgeschossen zerfetzt, das ist barbarische Härte. Aber die Verantwortlichen haben wenigstens noch versucht, das nach Möglichkeit zu vermeiden, und sicher nicht nur, weil es nach außen einen miserablen Eindruck gemacht hat. Sie haben versucht, im Vorfeld so viel zu sichern, daß die Zahl der Opfer verhältnismäßig gering blieb. Diese Zahl allerdings, die haben sie dann bewußt in Kauf genommen. Juristisch nennt man das bekanntlich bedingten Vorsatz, *Dolus eventualis*, und so steht es im Urteil. Verbrechen gegen die Menschlichkeit mit bedingtem Vorsatz? Die gibt es wohl nicht.

Ohne Zweifel ist vieles noch unbekannt aus der Geschichte

der DDR und muß geklärt werden. Die Öffnung der Akten des Ministeriums für Staatssicherheit war ein heilsamer Schock. Der ist sogar wichtig gewesen für Deutschland West gegen gewisse Tendenzen dort in dieselbe Richtung. Aber in den wenigsten Fällen ist das eine Aufgabe des Rechts. Es genügt Herstellung von Öffentlichkeit. Das Recht – und besonders das Strafrecht – hilft kaum weiter. Denn meistens setzt sich der Staat nur an die Stelle der Opfer, denen damit wenig genützt ist.

Machen wir noch kurz einen Rundgang über das ganze Feld, auf dem der Rechtsstaat versucht, die Vergangenheit der DDR aufzuarbeiten.

Es begann mit Prozessen wegen Vermögensschiebereien der alten Führungsspitze, noch vor dem Ende der DDR. Deshalb war Erich Honecker schon im Januar 1990 festgenommen worden, kam allerdings am nächsten Tag wieder frei, wegen Haftunfähigkeit. Der erste Prozeß begann im Januar 1991 vor dem Landgericht in Westberlin gegen Gewerkschaftsboß Harry Tisch. Der ist verurteilt worden zu achtzehn Monaten Freiheitsstrafe ohne Bewährung, weil er sich 80 000 DM für private Ferienreisen aus der Gewerkschaftskasse hatte bezahlen lassen. § 161a des Strafgesetzbuches der DDR, »Untreue zum Nachteil sozialistischen Eigentums«. Aber man wurde das Gefühl nicht los, daß die Justiz der Bundesrepublik hier nicht so sehr das Volkseigentum schützen, sondern nur eine Größe der Deutschen Demokratischen Republik bestrafen wollte, der man – leider – anderes nicht nachweisen konnte. Ähnlich war es mit anderen Verfahren. Und das Interesse daran erlosch nicht nur in der Öffentlichkeit, sondern auch bei der Staatsanwaltschaft.

Es kam Interessanteres. Die Mauerschützenprozesse. Der erste – wegen Erschießung Chris Gueffroys – begann im September 1991. Die Verfahren endeten alle mit Bewährungsstrafen oder Freisprüchen, bis auf das erste, dreieinhalb Jahre für den Todesschützen. Aber dieses Urteil ist vom Bundesgerichtshof aufgehoben worden. Die Strafe war zu hoch. Die Exzeßfälle – Erschießung eines schon festgenommenen Flüchtlings und die eines Westberliner Motorbootfahrers – können wir hier weglassen. In beiden Fällen lag die Strafe über der Grenze für die Aussetzung zur Bewährung. Und während die Mauerschützenprozesse weiterliefen und nach dem Urteil gegen Keßler, Streletz und Albrecht, nachdem sozusagen ganz Unten und ganz Oben geklärt waren, sind von der Arbeitsgruppe Regierungskriminalität die ersten Anklagen gegen die Führungsschicht der Grenztruppen in der Mitte erhoben worden, gegen mittlere und höhere Offiziere. Ende 1993. Da wird es noch viele Prozesse geben.

Ziemlich weit gediehen sind die Verfahren gegen Markus Wolf und andere Offiziere des Ministeriums für Staatssicherheit wegen Spionage gegen die Bundesrepublik. Das Urteil gegen Markus Wolf kam am Nikolaustag, 6. Dezember 1993, vom Oberlandesgericht Düsseldorf. Sechs Jahre Freiheitsstrafe ohne Bewährung. Also in der Mitte zwischen Keßler und Streletz. Es gibt eine einfache Regel. Immer wenn Juristen sich auf den Rechtsstaat berufen, ist was faul. Als Dr. Klaus Wagner, der den Vorsitz hat im 4. Strafsenat des Oberlandesgerichts Düsseldorf, mit der mündlichen Begründung des Urteils begann, kam er schon nach zwei Minuten, der Rechtsstaat. Hier als Oberlandesgericht in Düsseldorf, das ganz unpolitisch entschieden und nur die Frage geklärt hat, ob der Angeklagte sich strafbar gemacht hat oder nicht. Hatte er. Also was war faul? Das ganze Verfahren. Markus Wolf ist nämlich nach westdeutschem Strafrecht verurteilt worden, § 94 des Strafgesetzbuches, Landesverrat, der von deutschen Gerichten auch verfolgt werden kann, wenn jemand Spione von außen steuert, anders als sonst, wenn Straftaten im Ausland begangen werden und die deutsche Justiz deshalb nicht zuständig ist. Nur tauchen ausländische Spionagechefs selten in Ländern auf, wo sie Agenten haben. Höchstens bei staatlichen Vereinigungen. Und hier liegt das Problem. Will man einen Namen nennen, heißt es Klaus Kinkel, der mit Markus Wolf nicht nur eine Jugendzeit in Hechingen gemeinsam hat, am Fuß der Burg Hohenzollern, Söhne von Ärzten. Später haben sie beide Spionagebehörden geleitet. Der eine in Pullach bei München, als Chef des Bundesnachrichtendienstes, der Spionage betrieb in der DDR. Der andere in Ostberlin, an der Spitze der Hauptverwaltung Aufklärung, wo man dasselbe Gewerbe betrieb gegen die Bundesrepublik, ein wenig erfolgreicher. Nun ist der eine Bundesvorsitzender der FDP und Außenminister in Bonn und der andere verurteilt vom Oberlandesgericht Düsseldorf. Ist das gerecht?

Nein, sagt das Berliner Kammergericht. Das verstößt gegen den Gleichheitsgrundsatz. Und es hat für ein ähnliches Verfahren – gegen Wolfs Nachfolger Werner Großmann – die Frage vor das Bundesverfassungsgericht gebracht, im Wege der sogenannten Richtervorlage, weil es selbst die Verfassungswidrigkeit von Gesetzen nicht feststellen darf. Das war im Juli 1991. Die Karlsruher Antwort steht noch aus. Andere Oberlandesgerichte und der Bundesgerichtshof haben andere Mitarbeiter Wolfs schon verurteilt, und Gerechtigkeit ist eine Zukunftsmusik, die allenfalls noch vom Bundesverfassungsgericht zu hören ist.

Nächste Gruppe sind die Prozesse wegen Fälschung der Kommunalwahlen im Mai 1989. Es laufen sehr viele. Die bekanntesten sind die gegen Wolfgang Berghofer und Hans Modrow. Auch im östlichen Strafgesetzbuch gab es dafür eine Vorschrift, § 211, ähnlich wie bei uns, § 107a. Aber »wir können nicht heutige Maßstäbe an gestriges Verhalten anlegen«, sagte Rainer Lips aus Freiburg, Vorsitzender Richter am Landgericht Dresden, im zweiten Verfahren. Im ersten gegen Berghofer war es noch eine Freiheitsstrafe von einem Jahr, mit Bewährung, vom Bundesgerichtshof bestätigt, und die dagegen erhobene Verfassungsbeschwerde ist verworfen worden. Der Prozeß gegen Hans Modrow wurde im Mai 1993 beendet mit einer Verwarnung ohne Strafe. § 59 des Strafgesetzbuches der Bundesrepublik:

> »Hat jemand Geldstrafe bis zu einhundertachtzig Tagessätzen verwirkt, so kann das Gericht ihn neben dem Schuldspruch verwarnen, die Strafe bestimmen und die Verurteilung zu dieser Strafe vorbehalten, wenn
> 1. zu erwarten ist, daß der Täter künftig auch ohne Verurteilung zu Strafe keine Straftaten mehr begehen wird,

2. eine Gesamtwürdigung der Tat und der Persönlichkeit des Täters besondere Umstände ergibt, nach denen es angezeigt ist, ihn von der Verurteilung zu Strafe zu verschonen, und
3. die Verteidigung der Rechtsordnung die Verurteilung zu Strafe nicht gebietet.«

Das war ein erstaunliches Urteil, denn von der Möglichkeit dieser Vorschrift wird selten Gebrauch gemacht und schon gar nicht in Verfahren, die öffentliches Aufsehen erregen. Nicht nur im Ergebnis ist es erstaunlich. Auch die schriftliche Begründung ist – ähnlich wie im Honecker-Prozeß – ein Muster juristischer Sorgfalt, 133 Seiten, auf denen das gesellschaftliche und historische Umfeld mit großer Sensibilität beschrieben und die Entscheidung einbezogen wird, zum Beispiel bei der Strafzumessung:

»Es war in diesem Zusammenhang bezeichnend, daß in der Hauptverhandlung viele der in die Wahlfälschung Verwickelten auch dann, wenn sie sich ohne Abstriche, Ausflüchte oder Beschönigungen zu ihrer persönlichen Verantwortung bekannten, ihr damaliges Handeln heute selbst nicht mehr verstehen bzw. es begründen konnten und nahezu fassungslos vor der Erkenntnis standen, seinerzeit kritiklosen, nahezu naiven Gehorsam geleistet zu haben. Die Frage, ob jemand damals – auch um den Preis einschneidender Konsequenzen – den Mut und die Kraft zum Widerstand hätte aufbringen müssen, ist nach Auffassung der Kammer keinesfalls eindeutig, jedenfalls nicht leichter Hand zu beantworten. Nach Ansicht des Gerichts ist vielmehr eine tatzeitbezogene Bewertung der Geschehnisse unerläßlich und der Gefahr einer Beurteilung nach heutigen Maßstäben vorzubeugen, die dem historischen Kontext nicht gerecht werden kann.«

Siegerjustiz war das jedenfalls nicht. Im Gegenteil. Dieses Urteil der 3. Strafkammer des Landgerichts Dresden wies zum ersten Mal eindeutig in eine Richtung, die abweicht von der vorgegebenen Linie des Einigungsvertrages, wie sie formuliert ist in Artikel 315 des Einführungsgesetzes zum Strafgesetzbuch der Bundesrepublik.

Ähnlich wie der Schießbefehl des Nationalen Verteidigungsrates war diese Linie nicht ausdrücklich vorgeschrieben, aber stillschweigend vorgegeben für die Praxis der Gerichte. Es sollte ganz normal juristisch geschossen werden. Dreieinhalb Jahre für den Todesschützen Ingo Heinrich im ersten Mauerschützenprozeß oder sechs Jahre Freiheitsstrafe für Markus Wolf in Düsseldorf. So hatten sich die maßgebenden Politiker den Rechtsstaat ungefähr vorgestellt, als sie ihm im Einigungsvertrag den Auftrag gaben für die Aufarbeitung der Vergangenheit.

Dann kamen aber die vielen Bewährungsstrafen in den Mauerschützenprozessen, im Mai '93 hob der Bundesgerichtshof die dreieinhalb Jahre für Ingo Heinrich auf, und es lief schon etwas anders. Zwei Monate später verkündete Rainer Lips in Dresden das Urteil gegen Hans Modrow. Zum ersten Mal wurde klar und deutlich gesagt, wenn wir als Richter urteilen sollen nach dem Recht der Deutschen Demokratischen Republik, haben wir mitzubedenken, wie der »historische Kontext« war, den das Urteil nennt.

Die Tendenz hat sich fortgesetzt. Die Justiz der Bundesrepublik scheint doch nicht so schlecht zu sein wie ihr Ruf bei denjenigen, deren Vergangenheit sie nach dem Schießbefehl des Einigungsvertrages aufzuarbeiten hat. Die Tendenz hat sich fortgesetzt in der Rechtsprechung des Bundesgerichtshofes, und zwar auf zwei anderen größeren Flurstücken dieses weiten Feldes, den der Rechtsstaat zu beackern hat. Es sind die Telefon- und Postkontrolle durch das Ministerium für Staatssicherheit und die Rechtsbeugung durch Richter und Staatsanwälte der DDR.

Telefon- und Postkontrolle. Drei Offiziere des Ministeriums waren vom Landgericht Magdeburg verurteilt worden. Der eine hatte Telefongespräche aus der DDR mit dem Ausland abgehört, die beiden anderen jahrelang Briefe aus dem Ausland geöffnet, gelesen, vernichtet und, wenn Geld drin war, es an die Staatskasse weitergegeben. Der Bundesgerichtshof hat im Dezember 1993 die Urteile aufgehoben und die Angeklagten freigesprochen. Nach dem Recht der DDR sei das nicht strafbar gewesen. Anders als im Strafgesetzbuch der Bundesre-

publik gab es in dem der DDR keine Vorschrift gegen unbe-
fugtes Abhören von Telefongesprächen. Und seine Vorschriften über Verwahrungsbruch und Unterschlagung könnten
nicht angewendet werden, weil die Briefe nicht mehr in der
Zuständigkeit der Post gewesen sind und die Angeklagten das
Geld nicht für sich selbst herausgenommen, sondern an die
Staatskasse weitergegeben haben. Mit anderen Worten, die
gesamte normale Schnüffeltätigkeit des Ministeriums für
Staatssicherheit ist strafrechtlich nicht faßbar. Wenige Tage
später kam der zweite Schlag ins Kontor.

Tausende von Verfahren wegen Rechtsbeugung waren in
Vorbereitung. Allein in Berlin rechneten manche mit zehntau-
send. Und noch einmal dieselbe Zahl drohte in den anderen
Ländern. Es gab schon eine sehr problematische Verurteilung
in Schwerin, 1993. Davor waren zwei Richter in Berlin freigesprochen worden, 1992. Eine Richterin am Stadtbezirksgericht Berlin-Mitte hatte 1989 zu entscheiden über die Klage
eines Angestellten des FDGB gegen seine Kündigung. Man
hatte den Mann entlassen, weil er aus der SED ausgeschlossen
worden war. Aus der Partei wurde er rausgeworfen, weil er
sich geweigert hatte, einer Betriebskampfgruppe beizutreten.
Und nun die juristische Frage, ob er deshalb »für die verein-
barte Arbeitsaufgabe nicht geeignet« war, wie es hieß im
Arbeitsgesetzbuch der DDR. Ingenieur ist er gewesen. Fachbe-
reichsleiter für Informatik, und die Richterin war damals 24
Jahre alt und meinte, diese Aufgabe könne man auch erfüllen
ohne Mitgliedschaft in einer Partei. Doch ein Älterer mischte
sich ein, Oberrichter am Stadtgericht. Der machte ihr klar,
man müsse das politisch sehen. Also Abweisung der Klage als
offensichtlich unbegründet, ohne mündliche Verhandlung.

Drei Jahre später Anklage gegen beide – die Jüngere und
den Älteren – durch die Arbeitsgruppe Regierungskriminalität. Die hatte andere Vorstellungen über Eignung und Politik
und beantragte wegen Rechtsbeugung elf Monate Freiheitsstrafe für ihn und acht für sie, mit Bewährung. Aber das Landgericht hat freigesprochen. Nach den Maßstäben des Rechts
der DDR sei die Entscheidung gerade noch gerechtfertigt

gewesen. Man hätte eben anders gedacht als wir über fachliche Eignung und politische Haltung. Die Staatsanwaltschaft ging in die Revision, und der Bundesgerichtshof hat nicht nur den Freispruch bestätigt, sondern zusätzliche Bemerkungen gemacht, die darauf hinauslaufen, daß den meisten der künftigen Verfahren die Grundlage entzogen worden ist. Man müsse berücksichtigen, daß da in einem anderen Rechtssystem geurteilt worden sei. Deshalb käme Bestrafung wegen Rechtsbeugung nur in Betracht, wenn es Willkürakte gewesen sind, Exzesse, offensichtliche Verletzungen von Menschenrechten.

Der Rundgang ist beendet. Und das Ergebnis? Die Justiz der Bundesrepublik scheint allmählich dazu überzugehen, das Rückwirkungsverbot des Grundgesetzes ernster zu nehmen als den Schießbefehl des Einigungsvertrages. Das gilt auch für das Urteil im Honecker-Prozeß, nicht nur wegen der Art und Weise seiner Begründung. Rechnet man es nämlich hoch, die dreieinhalb Jahre für Albrecht, die fünfeinhalb für Streletz und die siebeneinhalb für Keßler, kommt man für Erich Honecker ungefähr auf zehn Jahre. Man kann sich vorstellen, welchen Aufschrei der Empörung über die völlig unzureichende Aufarbeitung der Vergangenheit es bei denen gegeben hätte, die schon beim Beschluß des Verfassungsgerichtshofes den Kopf geschüttelt haben, und erkennt, wie weise diese Entscheidung damals war.

Der Fehler liegt in der Politik. Im Einigungsvertrag wurde dem Rechtsstaat eine Aufgabe übertragen, für die er im Prinzip ungeeignet ist. Die Justiz mußte handeln, ob sie wollte oder nicht. Es war damals ein ähnlicher Fehler wie das Vermögensgesetz, das Treuhandgesetz, der Umtauschkurs und die Verheißung, hier würde es nichts kosten und dort Milch und Honig fließen. Der Rechtsstaat ist ein sinnvoller Mechanismus für die Lösung von Konflikten innerhalb seines eigenen Bereichs in Raum und Zeit, für Regelbeschlüsse innerhalb des eigenen Systems. Mit der Beurteilung von Fehlern in anderen Makrosystemen, außerhalb, ist er überfordert. Ein Staat vor dem Gericht eines anderen? Das ist nicht möglich, es sei denn bei Verbrechen, die so grausam und exzessiv sind, daß man die

Täter wie ganz normale Kriminelle behandeln kann. Weder Erich Honecker gehört dazu, noch sind es die drei anderen. Nicolaie Ceauşescu vielleicht ja, sicherlich Adolf Hitler, aber nicht Erich Honecker.

Der Fehler ist in der Politik gemacht worden und unsere Justiz mit Artikel 315 des Einführungsgesetzes zum Strafgesetzbuch an sich überfordert. Markantes Beispiel ist das Urteil gegen Markus Wolf in Düsseldorf. Aber nachdem sie nun einmal handeln mußte, hat sie meistens gute Arbeit geleistet. Im Honecker-Prozeß war der Anfang peinlich, die Entscheidung des Verfassungsgerichtshofes völlig richtig, und das Urteil am Ende konnte man nicht besser machen.

Die Entscheidung des Verfassungsgerichtshofes war richtig, auch wenn Erich Honecker im September 1993 noch lebte, als das Urteil verkündet wurde. Die Entscheidung stützte sich auf die Prognose der Ärzte, er würde das Ende des Prozesses nicht mehr erleben. Aber wer kann sagen, daß sie falsch war? Die Geschwindigkeit, mit der sein Tumor in der Haft gewachsen ist, würde dieselbe geblieben sein, wenn er weiter am Prozeß hätte teilnehmen müssen. In der chilenischen Freiheit ist sie langsamer geworden. Es ist völlig normal, daß Krankheiten weniger bedrohlich sind bei Verbesserung der Lebensbedingungen. Auch in einem ähnlichen Fall – 1979 vom Bundesverfassungsgericht entschieden – hat der Angeklagte noch sehr lange gelebt, nachdem das Verfahren gegen ihn eingestellt worden war, weil man annehmen mußte, er würde sonst sterben (51. Band der *Entscheidungen des Bundesverfassungsgerichts*, Seite 324). Niemand hat jemals gemeint, das sei falsch gewesen.

Die Geschichte, die ich zu diesen vielen Problemen des Rechtsstaats schnell noch erzählen möchte, spielt vor vielen Jahren in einem Zivilprozeß am Berliner Kammergericht. Der Kläger beschwor den Vorsitzenden, er möge ihm sein Recht geben. Er flehte ihn an. »Ich will doch nur mein Recht, Herr Vorsitzender. Bitte geben Sie mir mein Recht!« Der Richter saß da, fuhr mit der Hand über sein sehr kurz geschnittenes graues Haar, schwieg und sagte schließlich leise: »Mein lieber

Mann, hier kriegen Sie nicht Ihr Recht. Hier kriegen Sie ein Urteil.« Das ist der Rechtsstaat. Die Vorgaben macht die Politik. Erich Honecker hat einen Beschluß bekommen und Heinz Keßler, Fritz Streletz und Hans Albrecht ein Urteil. Besser ging es nicht. Der Rechtsstaat, an sich überfordert, hat es geschafft. Im Zwiespalt zwischen den Vorgaben der Politik und den Grundsätzen der Verfassung bewegt er sich auf einer mittleren Linie, die den historischen Kontext beachtet, überzeugend begründet wird und der Gerechtigkeit so nahe kommt, wie es einem Gericht in dieser Situation möglich war. Ist doch nicht schlecht? Oder?

Literatur

Marion Dönhoff (Hg.), *Ein Manifest II – Weil das Land Versöhnung braucht*, 1993; Jacqueline Henard, *Geschichte vor Gericht – Die Ratlosigkeit der Justiz*, 1993; Josef Isensee (Hg.), *Vergangenheitsbewältigung durch Recht*, 1992; Ernst Joachim Lampe (Hg.), *Die Verfolgung von Regierungskriminalität nach der Wiedervereinigung*, 1993; Klaus Lüderssen, *Der Staat geht unter – das Unrecht bleibt? Regierungskriminalität in der ehemaligen DDR*, 1992; Bodo Pieroth, »Der Rechtsstaat und die Aufarbeitung der vor-rechtsstaatlichen Vergangenheit«, in: *Veröffentlichungen der Vereinigung der Deutschen Staatsrechtslehrer*, Band 51, 1992, S.91-115; Peter Richter, *Kurzer Prozeß. Honecker & Genossen – Ein Staat vor Gericht?*, 1993.

Zeittafel

1989

18. 10. Auf der 9. Tagung des Zentralkomitees der SED wird Erich Honecker von allen Ämtern entbunden.

1990

3. 4. Honecker geht vom Pfarrhaus Lobetal in das sowjetische Militärkrankenhaus Beelitz.
3. 10. Wiedervereinigung.
30. 11. Haftbefehl gegen Erich Honecker, erlassen vom Landgericht Tiergarten in Westberlin wegen der Toten an Mauer und Stacheldraht.

1991

13. 3. Honecker fliegt von Beelitz nach Moskau.
20. 5. Stoph, Keßler, Streletz und Albrecht in Untersuchungshaft.
26. 8. Mielke in Untersuchungshaft.
2. 9. Beginn des 1. Mauerschützenprozesses.
16. 11. Jelzin beschließt die Ausweisung Honeckers.
11. 12. Erich Honecker flüchtet mit seiner Frau in die chilenische Botschaft in Moskau.

1992

20. 1. Urteil im 1. Mauerschützenprozeß.

6.	2.	Urteil im 2. Mauerschützenprozeß.
30.	3.	Änderung der Geschäftsverteilung im Landgericht Berlin, die 27. Strafkammer wird zuständig für die Buchstaben H bis M.
12.	5.	Anklageschrift gegen Erich Honecker und die anderen.

1992

29.	7.	Honecker verläßt die chilenische Botschaft, fliegt nach Berlin und wird in das Untersuchungsgefängnis Moabit eingeliefert.
3.	11.	Der Bundesgerichtshof bestätigt das 2. Mauerschützenurteil.
12.	11.	Beginn des Prozesses gegen Honecker und die anderen.
3.	12.	Honeckers Rede.
21.	12.	Nach achtstündiger Marathonsitzung beschließt die 27. Strafkammer, das Verfahren gegen Honecker wird nicht eingestellt und er bleibt in Haft.
28.	12.	Das Berliner Kammergericht bestätigt die Fortsetzung der Haft, sagt aber nebenbei und unverbindlich, das Verfahren müsse eingestellt werden.
29.	12.	Honeckers Anwälte erheben Verfassungsbeschwerde beim Berliner Verfassungsgericht.

1993

5.	1.	Der Vorsitzende Richter Bräutigam scheidet wegen Befangenheit aus.
12.	1.	Der Berliner Verfassungsgerichtshof gibt Honeckers Beschwerde statt.
13.	1.	Honeckers Freilassung.
25.	3.	Der Bundesgerichtshof bestätigt das 1. Mauerschützenurteil nur teilweise, hebt das Strafmaß gegen den Todesschützen auf.
16.	9.	Urteil gegen Keßler, Streletz und Albrecht.